*e suas mensagens
no Anuário Espírita*

FICHA CATALOGRÁFICA

(Preparada na Editora)

Xavier, Francisco Cândido, 1910-2002.

X19c   *Chico Xavier e suas mensagens no Anuário
Espírita* / Francisco Cândido Xavier, Espíritos
Diversos. Araras, SP, IDE, 1ª edição, 2017

256 p.

ISBN 978-85-7341-700-5

1. Espiritismo. 2. Psicografia - Mensagens e
Poesias I. Espíritos Diversos. III. Título

CDD -133.9
-133.91

Índices para catálogo sistemático:

1. Espiritismo 133.9
2. Psicografia: Mensagens e Poesias: Espiritismo 133.91

e suas mensagens
no Anuário Espírita

ISBN 978-85-7341-700-5

1ª edição - janeiro/2017

Copyright © 2017,
Instituto de Difusão Espírita - IDE

Conselho Editorial:
Doralice Scanavini Volk
Orson Peter Carrara
Wilson Frungilo Júnior

Coordenação:
Jairo Lorenzeti

Revisão de texto:
Mariana Frungilo Paraluppi

Capa:
César França de Oliveira

Diagramação:
Maria Isabel Estéfano Rissi

INSTITUTO DE DIFUSÃO ESPÍRITA - IDE
Av. Otto Barreto, 1067 - Cx. Postal 110
CEP 13600-970 - Araras/SP - Brasil
Fone (19) 3543-2400
CNPJ 44.220.101/0001-43
Inscrição Estadual 182.010.405.118
www.ideeditora.com.br
editorial@ideeditora.com.br

Todos os direitos reservados. Nenhuma parte desta publicação pode ser reproduzida, armazenada ou transmitida, total ou parcialmente, por quaisquer métodos ou processos, sem autorização do detentor do copyright.

Sumário

Apresentação 9

1 - Tua lâmpada, *Emmanuel* 13

2 - Compreensão sempre, *Emmanuel* 16

3 - Corpo e alma, *Emmanuel* 19

4 - Vontade de Deus, *Emmanuel* 22

5 - Vida física, *Emmanuel* 25

6 - Extinção do mal, *Bezerra de Menezes* 29

7 - Aspiração e trabalho, *Emmnauel* 32

8 - Querer e poder, *André Luiz* 35

9 - Antes os lidadores das letras, *Emmanuel* 37

10 - O Essencial, *Emmanuel* 40

11 - Homenagem, *Epiphanio Leite* 42

12 - Referências, *Jovino Guedes* 44

13 - Pequenas regras de desobsessão, *André Luiz* 46

14 - Coragem da fé, *Emmanuel* 48

15 - Nossa parcela, *Emmanuel* 51

16 - Recomeço, *Emmanuel* 54

17 - Guardemos a bênção, *André Luiz* 56

18 - Vinde, irmãos, *Abel Gomes* 58
19 - Verbos cristãos, *André Luiz* 60
20 - Deus espera, *Emmanuel* 62
21 - Aparte do diálogo, *Emmanuel* 64
22 - A vida e nós, *Emmanuel* 67
23 - O tesouro, *Cornélio Pires* 70
24 - Terras de Nhô Quinca, *Cornélio Pires* 72
25 - Trovas – Definições, *Lucano Reis, Raul Pederneiras, Sinfronio Martins, José Albano, Auta de Souza* 74
26 - Auxiliar, *Emmanuel* 76
27 - Traços do caráter espírita, *André Luiz* 79
28 - Emergência, *Emmanuel* 81
29 - Solução natural, *Hilário Silva* 83
30 - Diante dos pioneiros, *Emmanuel* 86
31 - Amor, *Irene S. Pinto* 89
32 - O mais importante, *André Luiz* 91
33 - Sublimação, *Silva Ramos* 94
34 - Autodefesa, *Emmanuel* 96
35 - Lugar do socorro, *André Luiz* 99
36 - Ainda o dinheiro, *Emmanuel* 101
37 - Pensa em Deus, *Emmanuel* 104
38 - Esquece lembrando, *Meimei* 107
39 - Apoio fraternal, *Emmanuel* 111
40 - Ante os cimos, *Emmanuel* 114
41 - Ninguém mais viu, *Cornélio Pires* 118
42 - Motes da coragem, *Sílvia Fontoura* 120
43 - Bilhete da Regra Áurea, *André Luiz* 122
44 - Trabalho em nós, *Emmanuel* 125
45 - Entraves felizes, *Emmanuel* 129
46 - Viver em paz, *Jair Presente* 131
47 - Para refletir, *Meimei* 133
48 - Então é preciso, *Emmanuel* 136
49 - Luzes do entardecer - *Meimei* 140
50 - Genética espiritual, *Emmanuel* 143
51 - Conversa de irmã, *Maria Dolores* 148
52 - Confrontos, *Emmanuel* 151
53 - Conversa em noite fria, *Maria Dolores* 154
54 - Grandeza, *Emmanuel* 156
55 - Perdão sempre, *Emmanuel* 159

56 - Confissão, *Maria Dolores* 162
57 - Forças mentais, *Bezerra de Menezes* 163
58 - Caravana, *Meimei* 166
59 - Doação esquecida, *Valérium* 169
60 - Amor e atração, *Emmanuel* 171
61 - Dinheiro parado, *Cornélio Pires* 173
62 - Erros de amor, *Maria Dolores* 176
63 - Escapuliu, *Cornélio Pires* 179
64 - Serviço e migalha, *Emmanuel* 181
65 - Mecanismo do auxílio, *Emmanuel* 185
66 - Samaritanos e nós, *Emmanuel* 189
67 - Gratidão e rogativa, *Emmanuel* 192
68 - Temas diversos, *Ormando Candelária, Lucano dos Reis, Gil Amora, Silveira de Carvalho, Ciro Silva* .. 196
69 - Obediência e vida, *Emmanuel* 198
70 - Orações concretas, *Maria Dolores* 200
71 - Vida e amor, *Antenor Horta* 202
72 - Perante a vida, *Emmanuel* 208
73 - Assunto de amor, *Cornélio Pires* 211
74 - Bem-aventurados os pobres de espírito, *Emmanuel* .. 213
75 - Luz ou treva, *Maria Dolores* 216
76 - Na hora do desânimo, *Emmanuel* 217
77 - Coragem, *João de Deus* 220
78 - Página aos espíritas, *Emmanuel* 223
79 - Atuação espírita, *Albino Teixeira* 227
80 - Teu serviço, *Emmanuel* 230
81 - Trovas da amizade, *José Albano, Ulisses Bezerra, Franklin de Almeida, Marcelo Gama, Noel de Carvalho, Milton da Cruz, Auta de Souza, Lopes Sá, Casimiro Cunha, Lourenço Prado* 233
82 - Não digas, *Maria Dolores* 236
83 - Confiemos servindo, *Emmanuel* 239
84 - Senda para Deus, *Emmanuel* 242
85 - Fala amparando, *Meimei* 244
86 - Raiou a luz, *Emmanuel* 248
87 - Elucidação, *Cornélio Pires* 251
88 - Lembrança oportuna, *Cornélio Pires* 252
89 - Na caridade, *Emmanuel* 253

Apresentação

No ano de 1963, a pedido do médium Francisco Cândido Xavier, alguns espíritas da cidade de Araras (SP), que já realizavam trabalhos doutrinários e mediúnicos, bem como distribuição de alimentação aos mais necessitados, estiveram em Uberaba (MG), e o querido Chico sugeriu a eles a edição de um Anuário Espírita, cuja finalidade seria a de publicar os mais importantes acontecimentos do ano anterior, a fim de que se constituísse um registro histórico do movimento espírita nacional e internacional.

Também se referia à publicação de artigos, estudos, mensagens, enfim, tudo o que se constituísse em leitura edificante e cristã.

E assim foi fundado o IDE – Instituto de Difusão Espírita, e o Anuário Espírita, ambas denominações criadas e sugeridas por Chico Xavier.

Já no ano seguinte, 1964, foi lançado, então, o Anuário Espírita, que perdura até os dias de hoje, sendo que, desde esse primeiro número, Chico Xavier colaborou, através da mediunidade psicográfica, com mensagens, poemas, trovas, cartas, entrevistas, até o ano de 2002, quando retornou ao plano espiritual.

E este livro traz parte dessas colaborações de Chico Xavier, nas palavras de diversos Espíritos, dentre eles:

Emmanuel, André Luiz, Meimei, Auta de Souza, Maria Dolores, Epifhanio Leite, Cornélio Pires, Bezerra de Menezes, Albino Teixeira, Casimiro Cunha, Jovino Guedes, Abel Gomes, Raul Pederneiras, Sinfrônio Martins, Hilário Silva, Irene S.. Pinto, Silva Ramos, Sílvia Fontoura, Jair Presente, Lucano dos Reis, Valérium, Ormando Candelária, Gil Amora, Silveira de Carvalho, Ciro Silva, Antenor Horta, João de Deus, José Albano, Ulisses Bezerra, Franklin de Almeida, Marcelo Gama, Noel de Carvalho, Milton da Cruz, Lopes Sá, Lourenço Prado.

1

Tua lâmpada

Emmanuel

Tua fé viva! – tua lâmpada.

Zelarás por tua lâmpada para que as perturbações do caminho não te mergulhem nas trevas.

O serviço é a chama que lhe define a vida, a compaixão é o óleo que a sustenta.

Clareia a estrada para os que se acolhem na sombra e segue adiante!... Vê-los-ás tresmalhados no grande tumulto...

Entre eles, encontramos os que se julgam em liberdade, quando não passam de cativos da ignorância e do ódio; os que deliram na ambição desregrada, pisando o cairel de pavorosas desilusões, os que estadeiam soberbia nas eminências do mundo, admitindo-se encouraçados de poder, sem perceberem o abismo que os espreita; os que fizeram da vida culto incessante a todos os excessos, para quem a morte breve surgirá por freio de contenção...

E com eles se agitam aqueles outros que desprezaram as vantagens do sofrimento, transformando o benefício da dor em cárcere de revolta; os que descreram do trabalho e se enredaram no crime; os que desertaram da consciência atirando-se ao fogo do remorso e os que perderam a fé, incapazes de sentir a bênção de Deus, que lhes brilha no coração!...

Unge de amor o pensamento transviado de todos os que se demoram na retaguarda, enlouquecidos por sinistros enganos, e derrama o bálsamo do conforto nas feridas abertas de quantos se afligem na estrada, sob a névoa do desespero!...

Para isso, não contes dificuldades, nem relaciones angústias. Auxilia e ama sempre.

Se garras de incompreensão ou de injúria te assaltarem na marcha, entrega os tesouros que carregas, abençoando as mãos que te firam ou te despojem, mas alça a tua flama de confiança e caminha.

Cada golpe desferido na alma é renovação que aparece, cada espinho que se nos enterra na carne do sonho é flor de verdade a enriquecer-nos o futuro, cada lágrima vertida nos alimpa a visão!...

Tua fé viva – tua lâmpada!...

Faze-a fulgir, acima de tuas próprias fraquezas, para que, um dia, possas transfigurá-la em estrela de eterna alegria, nos cimos da Grande Luz.

(AE 1966)

2

Compreensão sempre

Emmanuel

Para superar aflições e constrangimentos em qualquer circunstância, é preciso, antes de tudo, compreender as pessoas e as situações difíceis que apareçam, capazes de inclinar-nos para a sombra da angústia.

Alcançar o entendimento, no entanto, demanda o exercício da fraternidade constante.

Quando a prova surja à frente, asserena-te e reflete.

Se os empreiteiros da perturbação estivessem conscientizados quanto às responsabilidades que assumem, fugiriam de qualquer indução ao desequilíbrio.

Se os perseguidores de qualquer procedência conseguissem perceber as dívidas a que se enredam, renunciariam a isso ou àquilo, em favor daqueles aos quais pretendam impor sofrimento ou dominação.

Quando o agressor lança a palavra de injúria, se fosse previamente informado sobre as consequências de semelhante resolução, decerto se recolheria ao silêncio.

Quando o delinquente se dispõe a desferir o golpe destruidor sobre alguém, se pudesse prever quanto lhe doerão os resultados da ação infeliz, preferiria haver nascido sem os braços, que lhe correspondem à periculosidade e ao furor.

Em qualquer momento de crise, pensa

nos irmãos outros que te cercam – tão filhos de Deus quanto nós mesmos – e coopera na paz de todos.

Especialmente em auxílio daqueles que se façam instrumentos de inquietações e lágrimas, ora sempre e ajusta, quanto possível, as ocorrências que os favoreçam para que não se lhes agrave o peso da culpa.

Diante de todos os episódios constrangedores, silencia, onde não possas auxiliar.

E, perante os problemas de julgamento, onde estejas, usa a compreensão antes de tudo, por presença da caridade, porque o entendimento te suscitará compaixão e, compadecendo-te, acertarás.

(AE 1976)

3

Corpo e alma

Emmanuel

Atentos ao imperativo da elevação espiritual, convém destacar tanto as necessidades do corpo quanto as da alma...

Procuras odontólogos distintos para o tratamento dentário.

Urge, ao mesmo tempo, aprimorar a palavra a fim de que o verbo não se nos faça azorrague na boca.

Consultas oculistas e otorrinos diversos para retificar os desequilíbrios dos olhos e dos ouvidos.

Nas mesmas condições, é forçoso aprender a ouvir e ver construtivamente para que o mal não nos destrua as plantações de concórdia e esperança.

Buscas o ortopedista para socorro aos pés quando desajustados.

Imperioso igualmente orientar os próprios passos na direção do bem.

Solicitas amparo ao cardiologista para sanar desacertos do campo circulatório.

De igual modo, é preciso sublimar os impulsos do coração.

Contratas o serviço especializado de costureiras e alfaiates para que te assegurem a apresentação pessoal no nível adequado à distinção e à limpeza.

Necessário da mesma sorte, que venhamos a aperfeiçoar expressões e maneiras no trato com os outros.

O zelo devido às situações e aparências do corpo é igualmente aplicável aos empeços e problemas da alma se nos propomos construir a própria felicidade.

Compreendamos, assim, que liquidar manifestações de cólera ou rudeza, crueldade ou impertinência será sempre trabalho de controle e de educação.

(AE 1971)

4

Vontade de Deus

Emmanuel

Quando nos reportamos à vontade de Deus, referimo-nos ao controle da Sabedoria Perfeita que nos rege os destinos. E, observando nossa condição de Espíritos eternos, acalentados pelo Infinito Amor da Criação, ser-nos-á sempre fácil reconhecer as determinações de Deus, em todos os eventos do caminho, a nosso respeito, já que a Divina Providência preceitua para cada um de nós:

saúde e não doença;
trabalho e não ócio,
cultura e não ignorância;
conciliação e não discórdia;
paz e não desequilíbrio;
tolerância e não intransigência;
alegria e não tristeza;
esperança e não desânimo;
conformidade e não desespero;
perdão e não ressentimento;
êxito e não fracasso;
prudência e não temeridade;
coragem e não fraqueza;
fé e não medo destrutivo;
humildade e não subserviência;
intercâmbio e não isolamento;
disciplina e não desordem;
progresso e não atraso;
amor e não indiferença;
vida e não morte.

Se dificuldades, sofrimentos, desacertos e atribulações nos agridem a estrada, são eles criações nossas, repercussões de nossos próprios atos de agora ou do passado, que precisamos desfazer ou vencer, a fim de nos ajustarmos à vontade de Deus, que nos deseja unicamente o Bem, a Felicidade e a Elevação no Melhor que sejamos capazes de receber dos patrimônios da vida, segundo as leis que asseguram a harmonia do Universo.

Eis por que Jesus, exaltando isso, ensinou-nos a reafirmar em oração:

– "Pai nosso, que se faça a tua vontade, assim na Terra como nos Céus."

(AE 1971)

5

Vida física

Emmanuel

Considerando a existência na Terra um conjunto de matérias professadas em determinada cota de tempo, ver-se-á o Espírito encarnado na perfeita condição de aluno, na Universidade da Vida Eterna, assimilando valores para a obtenção da imortalidade. Para a verificação disso, basta relacionarmos alguns tópicos da jornada humana, referindo-nos tão somente à área física do

Planeta, em termos de escola, como sejam:

Terra – instituto de ensino e aperfeiçoamento sob a direção e supervisão do Espírito Angélico de Jesus Cristo.

Plano físico – departamento de provas e expiações.

Finalidade – extinção da ignorância, revisão de culpas, resgate de débitos e eliminação de tendências inferiores.

Matrícula – certidão de nascimento.

Carteira – o corpo.

Distintivos – os sinais morfológicos.

Primeiros mestres – os pais.

Classe – o grupo social.

Sala de aulas – o lar a que se pertence.

Motivações – as lutas indispensáveis, que variam conforme os sentimentos de pessoa a pessoa.

Ensinamentos – os deveres de cada dia.

Exercícios – os erros e acertos da apreciação e conduta.

Colegas de turma – os parentes.

Companheiros afins – os amigos.

Fiscais – os adversários.

Currículo de lições – as provas necessárias, nos múltiplos setores da experiência humana.

Exames – as crises na saúde e no trabalho, nas relações e nos ideais.

Banca de exame – o coração e a consciência de cada um.

Sistema corretivo – provações transferidas para diante por negligência do aprendiz e, por isso mesmo, naturalmente agravadas, lembrando inspeções de segunda época.

Promoções – mudanças felizes, responsabilidades maiores, encargos mais altos e direitos à continuação do próprio burilamento para a conquista da felicidade imperecível, em novos estágios evolutivos, seja na Terra ou em outros mundos.

Penalidade para os alunos relapsos – repetência de todas as lições malbaratadas, em reencarnações mais difíceis no futuro.

Desligamento da escola – desencarnação.

Reflitamos na Terra como sendo um educandário bendito e, pelas inclinações e provas, tarefas e necessidades que te caracterizam a vida, por dentro e por fora de ti mesmo, identificarás claramente o que vieste fazer agora no mundo, com quem estás, que predicados te compete desenvolver e quais os exames que te desafiarão fatalmente amanhã.

(AE 1968)

6

Extinção do mal

Bezerra de Menezes

Na didática de Deus, o mal não é recebido com a ênfase que caracteriza muita gente na Terra, quando se propõe a combatê-lo. Por isso mesmo, a condenação não entra em linha de conta nas manifestações da Misericórdia Divina.

Nada de anátemas, gritos, baldões ou pragas.

A Lei de Deus determina, em qualquer

parte, seja o mal destruído não pela violência, mas pela força pacífica e edificante do bem. A propósito, meditemos:

O Senhor corrige:

a ignorância: com a instrução;

o ódio: com o amor;

a necessidade: com o socorro;

o desequilíbrio: com o reajuste;

a ferida: com o bálsamo;

a dor: com o sedativo;

a doença: com o remédio;

a sombra: com a luz;

a fome: com o alimento;

o fogo: com a água;

a ofensa: com o perdão;

o desânimo: com a esperança;

a maldição: com a bênção.

Somente nós, as criaturas humanas, por vezes, acreditamos que um golpe seja capaz de sanar outro golpe.

Simples ilusão.

O mal não suprime o mal.

Em razão disso, Jesus nos recomenda amar os inimigos e nos adverte de que a única energia suscetível de remover o mal e extingui-lo é e será sempre a força eterna do bem.

(AE 1968)

7

Aspiração e trabalho

Emmanuel

Todos nós aspiramos a conseguir determinada realização em determinados ideais, mas todos necessitamos complementar qualidades para as aquisições que demandamos.

Querias um casamento perfeito, e a Divina Providência te concedeu um matrimônio em que te aperfeiçoes.

Considerando que não somos seres

angélicos, e sim criaturas humanas, recebeste uma esposa ou vice-versa para um encontro feliz, entendendo-se, porém, que esse encontro não exclui o aprendizado da abnegação, através da solidariedade recíproca.

Desejavas filhos queridos que te concretizassem os sonhos, e a vida te entregou filhos amados que te ofertam os mais altos testemunhos de ternura, entretanto, ei-los que exigem de ti sacrifício e renúncia a fim de que se façam educados e felizes.

Sonhavas com certos empreendimentos, em matéria de arte e cultura, indústria e administração e atraíste semelhantes encargos, no entanto, qualquer deles te angaria o êxito com vantagens compensadoras se te entregares, sinceramente, à disciplina e à responsabilidade.

Esperavas amigos, em cujos ombros te apoiasses para viver, e esses amigos apareceram, porém, a fim de conservá-los, será preciso aceitá-los tais quais são, com o dever de compreendê-los e auxiliá-los tanto quanto aguardas de cada um deles entendimento e cooperação, nas áreas do apoio mútuo.

Efetivamente, queremos essa ou aquela premiação da vida, mas não nos esqueçamos de que a vida nos pede retribuição de todos os valores que venhamos a conquistar com o trabalho na edificação do bem, de vez que, também no campo da alma, para receber é preciso dar, porquanto, em qualquer setor da existência, daquilo que se planta é que será justo colher.

(AE 1983)

8

Querer e poder

André Luiz

Quando você não possua o que deseja, você pode valorizar aquilo que tem.

Se não consegue obter a afeição daqueles a quem mais ama, não se esqueça de se dedicar aos que amam a você, especialmente quando necessitem de seu concurso.

Quando não se lhe faça possível criar

a grande alegria que alguém lhe solicite, você pode doar a esse alguém o sorriso que menos lhe custa.

Se não dispõe de recursos para colaborar com o muito com que estimaria brindar a essa ou àquela realização de beneficência, oferte a migalha ao seu alcance.

O essencial não é o tamanho do bem que se queiram, e sim o tamanho do amor que você coloque no bem que se decida a fazer.

(AE 1983)

9

Ante os lidadores das letras

Emmanuel

Senhor Jesus!

No concerto das forças que te servem, na construção da Era Nova, suplicamos--te apoio e inspiração para os lidadores da imprensa espírita, quase sempre mantidos em condições sacrificiais para sustentarem a lavoura do bem.

Sobretudo, Mestre, permite possamos mencionar, diante do teu amparo, aqueles que a abnegação situou nos mais duros misteres:

os que são escarnecidos pela sinceridade com que se devotam aos assuntos da alma;

os que arrostam com ingratidão e desvalimento por não esmorecerem na exposição da verdade;

os que são tentados com vantagens dinheirosas e preferem suar no vigor da carência, sem te deslumbrarem a confiança;

os que amargam incompreensão e abandono, às vezes entre as paredes do lar, e continuam fiéis à tua mensagem libertadora;

os que são tidos, à conta de obsessos, tão somente por te exemplificarem os ensinos, distanciados de humanas conveniências;

os que compreendem a dignidade da ideia espírita, elevando-a sempre, sem ja-

mais rebuçá-la em sarcasmo ou crueldade,
a pretexto de esclarecer os semelhantes;

os que molham a pena, no fel das próprias lágrimas, a fim de que as páginas edificantes da tua doutrina se façam clarões permanentes, orientando os que se tresmalham nas sombras;

e os que, ainda mesmo temporariamente submetidos à enfermidade ou à penúria, olvidam a si mesmos, transfundindo a dor em cântico e a dificuldade em lição!...

Senhor!

Conduziste-nos o coração para Deus, ensinando-nos a solicitar-lhe o pão nosso de cada dia!... Deixa, pois, te roguemos também proteção e auxílio para que as letras espíritas nos garantam, na Terra, o pão de luz!

(AE 1964)

10

O essencial

Emmanuel

O essencial não será tanto o que reténs.

É o que dás de ti mesmo e a maneira como dás.

Não é tanto o que recebes.

É o que distribuis e como distribuis.

Não é tanto o que colhes.

É o que semeias e para que semeias.

Não é tanto o que esperas.

É o que realizas.

Não é tanto o que rogas.

É o que aceitas.

Não é tanto o que reclamas.

É o que suportas e como suportas.

Não é tanto o que falas.

É o que sentes e como sentes.

Não é tanto o que perguntas.

É o que aprendes e para que aprendes.

Não é tanto o que aconselhas.

É o que exemplificas.

Não é tanto o que ensinas.

É o que fazes e como fazes.

Em suma, na vida do Espírito, – a única vida verdadeira –, o essencial não é o que parece. O essencial será sempre aquilo que é.

(AE 1964)

11

Homenagem

Epiphanio Leite

(Versos à irmã aleijada e mendiga,
que reencontrei hoje, na via pública).

Dama nobre que amei, desprezado e

[proscrito,

Ao recordar-te, fiel, por legendárias landas,

Liberto, em vão, busquei a terra onde hoje

[mandas,

Cavaleiro do sonho, a galopes no Egito...

Achei-te reencarnada, em áspero conflito,

Mutilada mulher, já não falas, nem andas,

E alguém te exibe ao povo as chagas por
[guirlandas,

Na caça de sustento ao corpo gasto e aflito.

Ao ver-te exposta à rua, aos empuxões e
[aos trancos,

Lembro-te o sólido de ouro e os belos
[coches brancos,

Tremo, transido e triste, a seguir-te de
[rastros!...

Louva, Senhora, a lei!... Sofre a pena e a
[clausura...

Um dia, livre enfim, santificada e pura,

Terás, de novo, um reino e um trono, além
[dos astros.

(AE 1965)

12

Referências

Jovino Guedes

Faze o dever que te cabe,

Sem lamentos, sem demoras.

Na Terra, ninguém consegue

Parar o motor das horas.

Fazendas, joias, haveres!...

Não guardes posses à toa.

A bigorna prova o ferro,

Dinheiro prova a pessoa.

Sobriedade em tudo e sempre,

Mas nunca te esqueças disso:

Quem vive só de recato

Nunca termina serviço.

Caridade verdadeira -

Bondade constante e muda -

É como o céu que se entrega,

Sem saber a quem ajuda.

A propaganda do bem

Deve alcançar apogeus.

O sol brilhando no céu

É propaganda de Deus.

(AE 1965)

13

Pequenas regras de desobsessão

André Luiz

Procure:

mais do que saber – dominar-se;

mais do que agir – elevar-se;

mais do que estudar – aprender;

mais do que pensar – discernir;

mais do que falar – educar;

mais do que aconselhar – servir;

mais do que escutar – compreender;

mais do que perdoar – amparar;
mais do que sofrer – resignar-se;
mais do que amar – sublimar.

Quando nos expressamos usando o modo imperativo do verbo, não queremos dizer que nós outros – os amigos domiciliados no Mais Além – estejamos a cavaleiro dos obstáculos e dificuldades que oneram os companheiros do mundo.

Todos estamos ainda vinculados à Terra. E, na Terra, tanto adoece o cientista que cria o remédio, em favor dos enfermos, quanto os clientes que lhe desfrutam os recursos da inteligência; tanto carrega problemas o professor que ensina, quanto o aprendiz que se lhe beneficia do apoio cultural.

Assim também na desobsessão. Todos os apontamentos que se relacionam com o assunto tanto se dirigem aos outros quanto a nós.

(AE 1970)

14

Coragem da fé

Emmanuel

Continuar a serviço do bem, quando tudo nos pareça uma esteira de malas sob os pés – eis a real significação da lealdade ao Senhor.

Manter-se de coração tranquilo e alma impávida, na oficina dos ideais superiores, a convertê-los em realidade, sem esmorecer, na execução dos mais pesados deveres, quando muitos dos companheiros dos primeiros dias já se tenham distanciado de nós, e perseverar trabalhando, com a certeza invariável na vitória da verdade e do amor, a benefício de todas as criaturas, a despeito de todos os pesares...

Sustentar-se de Espírito vigilante na ação e na oração, sem descrer dos objetivos supremos da vida, na edificação da felicidade comum, embora a tempestade de desilusões se nos desabe em torno, derribando apoios que se nos figuravam inamovíveis...

Prosseguir caminhando para o alvo entrevisto, no amanhecer dos sonhos mais puros, conquanto as pedras de aflição e os espinheiros de sofrimento se nos multipliquem na senda, dificultando-nos a marcha...

Avançar ainda e sempre, no encalço das realizações sublimes a que nos propomos atingir, no campo do espírito, apesar de todas as provações que nos testem a confiança, às vezes, caindo na perplexidade e no erro para levantar-nos nas asas da reconsideração e da esperança; chorando e enxugando as próprias lágrimas, ao calor das consolações hauridas no próprio conhecimento; compreendendo e silenciando; amando e servindo – eis a coragem da fé, a única que pode efetivamente renascer dos destroços das piores circunstâncias terrenas e encarar a razão face a face.

(AE 1970)

15

Nossa parcela

Emmanuel

Talvez não percebas. Entretanto, cada dia, acrescentas algo de ti ao campo da vida.

As áreas dos deveres que assumiste são aquelas em que deixas a tua marca, obrigatoriamente, mas possuis distritos outros de trabalho e de tempo, nos quais o senhor te permite agir livremente, de modo a impregná-los com os sinais de tua passagem.

Examina por ti mesmo as situações com que te defrontas, hora a hora. Por todos os flancos, solicitações e exigências. Tarefas, compromissos, contatos, reportagens, acontecimentos, comentários, informações, boatos. Queiras ou não queiras, a tua parcela de influência conta na soma geral das decisões e realizações da comunidade, porque, em matéria de manifestação, até mesmo o teu silêncio vale.

Não nos referimos a isso para que te ergas, cada manhã, em posição de alarme. Anotamos o assunto para que as circunstâncias, sejam elas quais forem, nos encontrem de alma aberta ao patrocínio e à expansão do bem.

Acostumemo-nos a servir e abençoar sem esforço, tanto quanto nos apropriamos do ar, respirando mecanicamente. Compreender por hábito e auxiliar os outros sem ideia de sacrifício.

Aprendemos e ensinamos caridade em todos os temas da necessidade humana. Façamos dela o pão espiritual da vida.

Acreditemos ou não, tudo o que sentimos, pensamos, dizemos ou realizamos nos define a contribuição diária no montante de forças e possibilidades felizes ou menos felizes da existência.

Meditemos nisso. Reflitamos na parcela de influência e de ação que impomos à vida, na pessoa dos semelhantes, porque de tudo o que dermos à vida a vida também nos trará.

(AE 1970)

16

Recomeço

Emmanuel

Quando o teu próprio trabalho te pareça impossível...

Quando dificuldade e sofrimento te surjam a cada passo...

Quando te sintas à porta de extremo cansaço...

Quando a crítica de vários amigos te incitem ao abatimento e à solidão...

Quando adversários de teus ideais e tarefas te apontem por vítima do azar...

Quando as sombras em torno se te afigurem mais densas...

Quando companheiros de ontem te acreditem incapaz a fim de assumir compromissos novos...

Quando te inclinas à tristeza e à solidão...

Levanta-te, trabalha e segue adiante.

Quando tudo reporte no caminho das horas, não te desanimes, porque terás chegado ao dia de mais servir e recomeçar.

(AE 1996)

17

Guardemos a bênção

André Luiz

Se a tua aflição não apoia aos que te observam;

se o pranto da queda te não auxilia a perdoar e a compreender;

se a experiência não te ensina;

se a chaga não te lega benefício;

se a tua preocupação não serve ao bem dos demais;

se a tua responsabilidade não é senti-
da, vivida e sofrida;

se a tua esperança não produz alegria
para os outros;

se a prova não é para tua alma a ins-
trutora ideal;

se a amargura te não faz mais doce;

e se o sofrimento não te dá mais compreensão;

em verdade, regressarás,

apressadamente, logo depois da morte,

às lutas educativas da Terra,

porque a dor

– a divina escultora da vida –

terá sido em ti mesmo

a candeia apagada

em cinza espessa e vã.

(AE 2002)

18

Vinde, irmãos

Abel Gomes

Frente à noite de dor à procela

Em que o homem do mundo luta e chora,

O Espiritismo acende a nova aurora

Na luz da crença promissora e bela.

Oh! Doutrina bendita que revela

A Verdade Divina que se enflora

Da esperança vibrando mundo afora,

Desde a vida mais alta à mais singela.

Espiritismo em Cristo é a grande escola,
A generosa fonte que consola
No caminho de dor da humanidade.

Vinde, irmãos, ao banquete da esperança,
Espiritismo é o campo da bonança
Frutificando para a Eternidade.

(AE 2002)

19

Verbos cristãos

André Luiz

Esperar sem revolta.

Sentir sem maldade.

Conhecer sem desprezar.

Cooperar sem desajustar.

Melhorar sem exigir.

Perseverar no melhor sem esmorecer.

Silenciar sem desajudar.

Servir sem escravizar-se.

Ensinar sem ferir.

Viver buscando a luz sem a aflição do fim.

Progredir constantemente sem deixar de ser simples.

(AE 2000)

20

Deus espera

Emmanuel

A criatura imagina.

Deus inspira.

A criatura experimenta.

Deus permite.

A criatura trabalha.

Deus a sustenta.

A criatura escolhe.

Deus acata.

A criatura erra.

Deus compreende.

A criatura retifica.

Deus apoia.

A criatura sofre.

Deus espera.

(AE 2000)

21

Aparte do diálogo

Emmanuel

Quando se fala de aflição, é importante raciocinar sobre os impositivos da paz em nosso próprio relacionamento.

A paz, no entanto, nasce na mente de cada um. Semelhante afirmativa envolve outra: precisamos doar a nossa paz àqueles que nos cercam, a fim de recolhê-la dos outros. Espécie de beneficência do Espírito de cuja prática nenhum de nós conseguirá escapar sem prejuízo. Para exercê-la, porém, é indispensável podar as inquietações inúteis e sofrear os impulsos negativos, com que, na Terra, nos habituamos, sem perceber, a dilapidar a tranquilidade alheia.

A obtenção do apoio recíproco a que nos referimos, pede-nos a todos não apenas entendimento, mas até mesmo o exercício da compaixão construtiva uns pelos outros, para que a tensão desnecessária deixe de ser, no mundo, um dos mais perigosos ingredientes da enfermidade e da morte.

Há quem diga que o avanço tecnológico, em muitos casos, destrói a tranquilidade das criaturas, entretanto, a máquina funciona segundo as disposições do maquinista.

Que dizer do nervosismo, da intolerância, da paixão pela velocidade temerária, da desatenção, da imaturidade guindada ao campo diretivo, do desculpismo, dos hábitos que induzem ao desequilíbrio no usufruto do progresso?

Ninguém precisa teorizar em demasia, quanto a isso.

O filme do mundo em reconstrução é revelado aos nossos próprios olhos, no laboratório do dia a dia.

Se nos propomos a suprimir a tensão estéril que, a pouco e pouco, arroja-nos a tantas calamidades domésticas e sociais, é imperioso nos voltemos ao cultivo da paz.

E, sabendo que a Divina Providência nos fornece todos os recursos para a edificação do bem, no campo de nossas vidas, se quisermos a paz é necessário nos empenhemos a construí-la.

(AE 1977)

22

A vida e nós

Emmanuel

Criando as criaturas para a glória da vida, na condição de espíritos eternos, destinados a Lhe herdarem as qualidades divinas, o Criador criou:

Um reino – o Universo.

Uma organização comunitária – os mundos da vastidão cósmica.

Um lar – a natureza.

Uma família – a Humanidade universal.

Um ambiente – a paz.

Um envoltório – a matéria.

Um sistema de controle – a afinidade com a gravitação.

Uma religião – o amor.

Uma lei – a justiça.

Um tribunal – a consciência.

Uma doutrina de compensação – a cada um por suas obras.

Uma riqueza igual para todos – o tempo.

Uma força – o bem.

Um princípio – a liberdade.

Um direito – o apoio ao dever cumprido.

Uma regra para o dever – a disciplina.

Um regime para as criaturas – o equilíbrio.

Uma ordem – o progresso.

Uma tabela de responsabilidade – o conhecimento em vários graus.

Um metro – a lógica.

Um código de trânsito espiritual – a fraternidade com o respeito mútuo.

Uma escola – a reencarnação.

Um processo de aprendizagem – a experiência.

Uma instituição crediária – o serviço ao próximo.

Um instrumento para cada criatura – o trabalho.

Uma oficina – o burilamento.

Um objetivo – a perfeição.

À face de semelhantes realidades, todos os atritos, conflitos, provações, aflições, dificuldades e embaraços são criações nossas na Criação de Deus e que, tão só na escola das vidas sucessivas, com criteriosa aplicação dos tesouros do tempo, conseguiremos nos extinguir.

(AE 1969)

23

O tesouro

Cornélio Pires

Certa noite, num sonho, ao pé do gado,

Um Espírito falou a Nhô Tatão:

– Meu filho, pega a enxada e cava o chão,

Tens contigo um tesouro abandonado!...

Ele cavou três anos no cerrado,

Mas nem ouro, nem cobre... Tudo em vão...

Desenxabido, foi para a sessão

E perguntou, chorando, a Irmão Conrado:

– Ah! Meu irmão, que faço do meu sonho?!...
Nada encontrei no trabalho medonho...
A riqueza perdida onde estará?!...

Mas o guia explicou: – "Meu filho, insiste!
O tesouro é teu chão parado e triste...
Semeia, Nhô Tatão!... Plantando dá."

(AE 1969)

24

Terras de Nhô Quinca

Cornélio Pires

Parecia uma fera de encomenda.

Quando Nhô Quinca dava a sapituca,

O povo no roçado ou na poruca

Chorava que nem cana na moenda.

Passeava das terras de contenda,

Tomou terra de Adão, terra de Juca,

As terras de Donana de Minduca...

Ele queria o mundo na fazenda.

Vem um velho pedir barro de oca,
Nhô Quinca bate nele na engenhoca
E cai num tacho quente de melado.

Morreu na raiva... E o pobre do Nhô Quinca
Só teve na Fazenda da Cainca
Sete palmos de terra no cerrado.

(AE 1965)

25

Trovas – Definições

Felicidade – palavra,
Sem palavra que a resuma,
Somente a enxerguei no amor
Que não pede cousa alguma.

Lucano Reis

A felicidade existe
Mas pouca gente a percebe,
É sempre fazer o bem
Pelo mal que se recebe.

Raul Pederneiras

Comentar preguiça é um erro,
Nas pessoas de juízo...
Devo servir sem descanso
Para ter o que preciso...

Sinfronio Martins

Sofrer a frieza em casa
Nas atitudes de alguém?
Entrega este assunto a Deus,
Não queira mudar ninguém.

José Albano

Perdão e amor são virtudes
Das mais altas de obtê-las!...
Muito raro achar na Terra
Pessoa de *cinco estrelas*.

Auta de Souza

(AE 1991)

26

Auxiliar

Emmanuel

Auxiliar, amparar, consolar, instruir!...

Para isso, não aguardes o favor das circunstâncias.

Jesus foi claro no ensinamento.

O semeador da parábola não esperou chamado algum.

Largou simplesmente as conveniências de si mesmo e saiu para ajudar.

O Mestre não se reporta à leiras adubadas ou a talhões escolhidos. Não menciona temperaturas ou climas. Não diz se o cultivador era proprietário ou rendeiro, se moço no impulso ou amadurecido na experiência, se detinha saúde ou se carregava o ônus da enfermidade.

Destaca somente que ele partiu a semear.

Por outro lado, Jesus não informa se o homem do campo recebeu qualquer recomendação acerca de pântanos ou desertos, pedreiras ou espinheirais que devesse evitar. Esclarece que o tarefeiro plantou sempre, dando a entender que a penúria ou o insucesso do serviço foram problemas do solo beneficiado e não dos braços que se propunham a enriquecê-lo.

Saibamos, assim, esquecer-nos para servir.

Não importa venhamos a esbarrar com respostas deficientes da gleba do

Espírito, às vezes desfigurada ou prejudicada pela urze da incompreensão ou pelo cascalho da ignorância. Ideia e trabalho, tempo e conhecimento, influência e dinheiro são possibilidades valiosas em nossas mãos. Todos podemos espalhá-las por sementes de amor e luz.

O essencial, porém, será desfazer o apego excessivo às nossas comodidades, aprendendo a sair.

(AE 1964)

27

Traços do caráter espírita

André Luiz

Humildade sem subserviência.

Dignidade sem orgulho.

Devotamento sem apego.

Alegria sem excesso.

Liberdade sem licença.

Firmeza sem petulância.

Fé sem exclusivismo.

Raciocínio sem aspereza.

Sentimento sem pieguice.

Caridade sem presunção.

Generosidade sem desperdício.

Conhecimento sem vaidade.

Cooperação sem exigência.

Respeito sem bajulice.

Valor sem ostentação.

Coragem sem temeridade.

Justiça sem intransigência.

Admiração sem inveja.

Otimismo sem ilusão.

Paz sem preguiça.

(AE 1964)

28

Emergência

Emmanuel

Perfeitamente discerníveis as situações em que resvalamos, imprevidentemente, para o domínio da perturbação e da sombra.

Enumeremos algumas delas com as quais renteamos claramente, com o perigo da obsessão:

cabeça desocupada;

mãos improdutivas;

palavra irreverente;

conversa inútil;

queixa constante;

opinião desrespeitosa;

tempo indisciplinado;

atitude insincera;

observação pessimista;

gesto impaciente;

conduta agressiva;

comportamento descaridoso;

apego demasiado;

decisão facciosa;

comodismo exagerado;

refeição intemperante.

Sempre que nós, os lidadores encarnados e desencarnados, com serviço na renovação espiritual, nos reconhecermos em semelhantes fronteiras do processo obsessivo, proclamemos o estado de emergência no mundo íntimo e defendamo-nos contra o desequilíbrio, recorrendo à profilaxia da prece.

(AE 1965)

29

Solução natural

Hilário Silva

Os Espíritos benfeitores já não sabiam como atender à pobre senhora obsidiada.

Perseguidor e perseguida estavam mentalmente associados à maneira de polpa e casca no fruto.

Os amigos desencarnados tentaram afastar o obsessor, induzindo a jovem senhora a esquecê-lo, mas debalde.

Se tropeçava na rua, a moça pensava nele...

Se alfinetava um dedo em serviço, atribuía-lhe o golpe...

Se o marido estivesse irritado, dizia--se vítima do verdugo invisível...

Se a cabeça doía, acusava-o...

Se uma xícara se espatifasse no trabalho doméstico, imaginava-se atacada por ele...

Se aparecesse leve dificuldade econômica, transformava a prece em crítica ao desencarnado infeliz...

Reconhecendo que a interessada não encontrava libertação por teimosia, os instrutores espirituais ligaram os dois – a doente e o acompanhante invisível – em laços fluídicos mais profundos, até que ele renasceu dela mesma, por filho necessitado de carinho e de compaixão.

Os benfeitores descansaram.

O obsessor descansou.

A obsediada descansou.

O esposo dela descansou.

Transformar obsessores em filhos, com a bênção da Providência Divina, para que haja paz nos corações e equilíbrio nos lares, muita vez, é a única solução.

(AE 1966)

30

Diante dos pioneiros

Emmanuel

Recorda os sacrifícios dos pioneiros do progresso que te precederam na jornada humana, para que avances na Terra sem a cegueira da ingratidão.

Lembra as mãos anônimas que te ergueram o lar, os braços que te embalaram o berço e as vozes amigas que te ensinaram a mover os lábios no idioma do entendimento.

Não olvides aqueles que choraram e sofreram, lavrando o solo em que ingeriste a primeira bênção do pão, nem te esqueças de quantos se viram multilados no trabalho para que o conforto e a higiene te sustentassem o corpo.

Não condenes à poeira da indiferença os que se viram supliciados, na humilhação e na angústia, para que tivesses a ordem legal, garantindo-te a segurança, e os que morreram nos cárceres, muitas vezes caluniados e traídos, para que a liberdade te coroasse a existência.

Consagra um altar em memória dos que te legaram os tesouros da educação, a fim de que a luta na Terra seja, para tua alma, valioso caminho para a glória celestial.

Usufrutuário do campo em que foste acolhido pela bondade e pela esperança dos que te viram nascer, recolheste a experiência sublime que a luta estendeu e que o sofrimento purificou, reclamando-te também suor e boa vontade para que a vida se faça melhor.

Não te percas, assim, nos labirintos da indagação sem proveito, perguntando se a crueldade é hoje maior que ontem no mundo...

Cede ao mundo a tua quota de serviço desinteressado e constante, para que o bem prevaleça, iniciando em ti próprio a obra redentora e divina do amor que a tudo abrange, e, em voltando amanhã à grande escola da Terra, encontrá-las-ás mais nobre e mais bela, convertida, com teu esforço, em antecâmara abençoada para a Vida nos Céus.

(AE 1967)

31

Amor

Irene S. Pinto

O amor é a Lei de Deus em toda a parte...

Repara, acima, o Sol que se derrama

Em torrentes de luz a sustentar-te,

Tanto quanto apascenta o verme e a lama.

Desce os teus olhos sobre a gleba imensa

E encontrarás cantando, humilde e boa,

A fonte que se dá sem recompensa,

Por sorriso da Terra que abençoa.

A árvore, além, é a compaixão perfeita
Sem queixar-se da luta que a consome,
Oferecendo a flor com que te enfeita
E dando o fruto que te atende à fome.

Escuta, ao pé do berço, a melodia
Do sonho maternal que afaga a vela
E segue a rota, plena de alegria,
Da caridade generosa e bela...

Tudo é vontade pura no caminho,
Tudo vibra no anseio de ajudar...
A montanha, a floresta, o campo, o ninho,
O vale, o vento, a escola, o templo e o lar...

Em tudo o amor sublime anda disperso,
Da estrela excelsa à larva sob o chão.
O amor é mão de Deus sobre o Universo,
Construindo a grandeza e a perfeição.

Assim, pois, serve e crê, marchando à frente,
Arrimando-te à fé que não destacas
E guardarás o coração contente
Na harmonia da Lei de Nosso Pai.

(AE 1967)

32

O mais importante

André Luiz

Provavelmente, você estará atravessando longa faixa de provações em que o ânimo quase que se lhe abate.

Crises e problemas apareceram.

Entretanto, paz e libertação, esperança e alegria dependem de sua própria atitude.

Se veio a colher ofensa ou menosprezo, você mesmo pode ser o perdão e a tolerância, doando aos agressores o passaporte para o conhecimento deles próprios.

Se dificuldades lhe contrariaram a expectativa de autorrealização, nesse ou naquele sentido, a sua paciência lhe fará ver os pontos fracos que precisa anular a fim de atingir a concretização dos seus planos em momento mais oportuno.

Se alguém lhe impôs decepções, o seu entendimento fraterno observará que isso é uma bênção da vida, imunizando-lhe o Espírito contra a aquisição de pesados e amargos compromissos futuros.

Se experimenta obstáculos na própria sustentação, o seu devotamento ao trabalho lhe conferirá melhoria de competência, e a melhoria de competência lhe alterará o nível de compensações e recursos.

Se você está doente, é a sua serenidade com a sua cooperação que se fará base essencial de auxílio aos médicos e companheiros que lhe promovem a cura.

Se sofre a incompreensão de pessoas queridas, é a sua bondade, com o seu desprendimento, que se lhe transformará em arrimo para que os entes amados retornem ao seu mundo afetivo.

Evite as complicações de rebeldia e inconformidade, ódio e inveja, egoísmo e desespero, que apenas engrossarão o seu somatório de angústia.

Mudanças, aflições, anseios, lutas, desilusões e conflitos sempre existiram no caminho da evolução; por isso mesmo, o mais importante não é aquilo que aconteça, e sim o seu modo de reagir.

(AE 1973)

33

Sublimação

Silva Ramos

Festa... Fulge o soar... Um jovem
[tange a lira,
Desfere uma canção de dolorosa espera...
E Joana, a castelã, que no amor se lhe dera,
Surge, escarnece dele e por outro suspira.

Mata-se o pobre moço ante a moça
[insincera.
Ele sofre no Além, ela esquece, delira,

E a iludir-se e enganar, de mentira

[em mentira,

Um dia encontra a morte e a vida se lhe

[altera...

Encontrando, na treva, o companheiro em

[prova,

Aflita, a castelã quis dar-lhe vida nova

E fez-se humilde mãe, sem proteção,

[sem brilho...

Hoje carrega ao peito um filho cego e louco,

Arrasta-se, padece e morre, pouco a pouco,

Mas repete feliz: "Ah, meu filho!... Meu

[filho!..."

(AE 1973)

34

Autodefesa

Emmanuel

Desde épocas imemoriais, o homem imagina e constrói recursos de autoproteção e defesa, sem que lhe possamos desconsiderar as razões para isso.

O recinto emparedado que lhe serve de moradia não é somente o refúgio em que delibera viver no regime de comunhão familiar, mas se lhe erige também como sendo o processo de livrar-se da intempérie.

O cofre é o recipiente que lhe segrega os bens contra possíveis assaltos, no entanto, é igualmente o vaso que lhe garante instruções e documentários contra incêndios.

A fim de preservar-se e preservar os valores e propriedades sobre os quais convenciona a riqueza externa, inventa fechaduras, cadeados, ferrolhos, trancas, armas, trincheiras, muralhas e alçapões.

Realiza mais ainda: vacina-se contra as moléstias contagiosas; estabelece o apoio ao comércio e protege-se contra a fome; cria meios de intercâmbio e extingue-se a solidão.

Para todos os males suscetíveis de afligi-lo no campo exterior da existência, elege recursos defensivos claramente justificáveis no tocante aos domínios da vigilância e da prudência com que lhe cabe agir e discernir, entretanto, para a insegurança e para o medo. Para antigos adversários que lhe dilapidam o equilíbrio e a vida e tantas vezes o arrastam a suicídio e loucura, não encontra estabelecimentos ou medidas terrestres com os quais se municie contra eles.

De modo a forrar-nos contra semelhantes flagelos, só existe um recurso: confiarmo-nos a Deus, cujas leis não presidem as horas.

Nos momentos de crise, provação, angústia ou desencanto, cumpre os deveres que as circunstâncias te reservam e jamais desesperes. Lembra-te de que não há noite na Terra que não se dissolva no clarão solar.

Nos instantes amargos, descansa o coração e o cérebro em Deus, cuja misericórdia e justiça nos acompanham os dias, e Deus te resguardará.

(AE 1973)

35

Lugar do socorro

André Luiz

Estará você sofrendo desencantos...

Varando enormes dificuldades...

Suportando empeços com os quais você não contava...

O trabalho em suas mãos, muitas vezes, se lhe afigura em fardo difícil de carregar...

Falham recursos previstos...

Contratempos se seguem uns aos outros...

Tribulações de entes amados lhe martelam a resistência...

A enfermidade veio ao seu encontro...

Entretanto, prossiga agindo e cooperando, em favor dos outros.

Não interrompa os seus passos, no serviço do bem, porque justamente na execução dos seus próprios encargos é que os Mensageiros de Deus encontrarão os meios de trazerem a você o socorro preciso.

(AE 1980)

36

Ainda o dinheiro

Emmanuel

Nunca demais esclarecer esse ou aquele ponto obscuro, em torno do dinheiro.

Moeda é sempre parcela do esforço ou do suor de alguém. Cansaço que se metalizou para auxiliar ou inquietação que se fez crédito, em louvor do bem coletivo.

Cada pequeno ou grande desgaste da

criatura em ação ter-se-á transformado em recurso capaz de colaborar na garantia do corpo social.

Não existe dinheiro desprezível.

Venha de onde vier, pode ser notícia de alguém que tombou na doença ou na morte, a fim de conquistá-lo; sacrifício de irmãos fatigados que o obtiveram à custa de fadiga e de lágrimas; fruto de renúncia e pranto de irmãos em desespero; ou ideia materializada de amigos que esfoguearam a própria cabeça, buscando atraí-lo para ganhar o pão.

Dinheiro é trabalho concretizado a dissolver-se em aquisições e realizações, apoio humano, prestação de serviço, auxílio e dádiva.

Moeda pode converter-se em prato que alimenta, remédio que alivia, livro

que instrui, teto que protege e força que
recompõe.

Dinheiro é sangue do organismo social, que não se deve afastar da circulação
sob pena de gerar a anemia do progresso e
a penúria comunitária.

Por isso mesmo, cabe-nos manejá-lo,
quando na Terra, com reverência e altruísmo, sem abusar dele para qualquer atividade deprimente, que resgataremos, em
qualquer tempo, na lei de causa e efeito,
porque o dinheiro em si é suor da criatura
humana e bênção de Deus.

(AE 1978)

37

Pensa em Deus

Emmanuel

Muitas são as calamidades que assolam ainda o mundo.

Entretanto, pensa em Deus quando o pessimismo te fale em destruição.

O Criador deixa ao Homem a liberdade de pensar com a obrigação de colher os frutos das sementes que haja plantado em suas escolhas e, por isso mesmo, ante as provações coletivas que o Homem venha a suscitar, a própria Divina Providência o auxilia a atenuá-las ou suprimi-las, pouco a pouco.

Na vida individual, porém, a Presença Divina é mais perceptível ao coração acordado na fé.

Saibamos recordar.

É provável que problemas de intrincada complexidade, em vários passos da existência, te hajam repontado da estrada, subtraindo-te a segurança.

Mas Deus, sem que o soubesses, induziu-te a soluções inesperadas, restituindo-lhe a paz de espírito.

Enfermidades estranhas combaliram--te as forças, entretanto, justamente quando te supunhas à frente da morte, Deus inspirou providências que te reequilibraram as energias, sem que te desses conta de semelhante favor.

Enganos lamentáveis, em certas ocasiões, talvez te houvessem marginalizado o entendimento, compelindo-te a desajustes começantes, mas Deus, em silêncio, usando meios que desconheces, te trouxe novamente à razão e à serenidade.

Afeições queridas, possivelmente, largaram-te o caminho, quando mais necessitavas de apoio e colaboração, nas tarefas em que te compromissaste, mas Deus, sem alarde, curou-te as feridas da alma e te ofertou companhias outras mais nobres e mais úteis, que te amparam no dever a cumprir.

Em todas as crises da experiência humana, nunca deixes de amar e compreender, desculpar e servir sempre.

Em qualquer circunstância, pensa em Deus.

Mesmo que hajas caído no mais profundo abismo, crê no bem e espera por Deus, porque Deus te levantará.

(AE 1979)

38

Esquece lembrando

Meimei

Quando a mágoa te envolva, antes que o ressentimento se te instale no coração, conturbando-te a vida, esquece lembrando...

Recorda as bênçãos que possuis, a fim de que não entregues a própria mente a desequilíbrios que não compraste.

Determinado companheiro te trouxe

toda uma carrada de inquietações, afligin-do-te os passos...

Memoriza a legião dos amigos devo-tados que te alegram as horas e compa-decer-te-ás daquele que, em vão, procura complicar-te o caminho.

Desgostos em família aparecem, criando-te problemas...

Conta os dias de júbilo e segurança que o lar te concedeu e perceberás que os contratempos de hoje são leves nuvens que a força do tempo desfará.

A empresa a que te deste acabou em fracasso, acenando-te com a frustração...

Revisa as iniciativas que já promoves-te, com êxito amplo, e concluirás que o in-sucesso não passa de convite à renovação para que recomeces as próprias atividades em linhas mais justas.

Criatura querida se te desvinculou

do campo íntimo e a carência afetiva se te transforma em chaga de sentimento...

Medita no tempo de felicidade que essa criatura já te proporcionou e reconhecerás que a mudança havida te fará descobrir novas fontes de compreensão.

A morte, no Plano Físico, haver-te-á subtraído a presença de um ente amado e apresentas o próprio Espírito golpeado pelo sofrimento...

Pensa, entretanto, no suplício em que se lhe transformaria a permanência num corpo enfermo e observarás que a Providência Divina cancelou provações inenarráveis para o coração que partiu e para o teu próprio coração, descerrando a ambos o ensejo para benditas renovações.

Em qualquer dificuldade, não te prendas ao lado sombrio dos acontecimentos para que não te escravizes ao peso morto das impressões negativas.

Para a confirmação do que afirmamos, contempla a árvore benfeitora que te oferece colheitas periódicas. Ei-la que se desprende das pancadas da ventania e das ofensas que se lhe façam, a fim de atender ao próprio destino na produção dos benefícios em que te apoias.

Diante de uma árvore simples e amiga, é possível aprender que a evolução se baseia no trabalho e que, nas leis de Deus, para servir e servir, é necessário esquecer e esquecer.

(AE 1981)

39

Apoio fraternal

Emmanuel

Não digas que essa ou aquela criatura não necessita de compaixão.

Não nos referimos à piedade negativa, que, em se manifestando, deixa os infelizes mais infelizes. Reportamo-nos à compreensão que nos habilita a atender as necessidades da pessoa humana e a prestar-lhe o auxílio direto ou indireto que se nos faça possível, objetivando-se-

-lhe a sustentação do equilíbrio no grupo social que lhe seja próprio.

Encontrarás, talvez, um homem forte, em plenitude de robustez física e, provavelmente, acreditarás que ele não requisite qualquer forma de amparo. Entretanto, esse amigo, supostamente privilegiado pela natureza, pede simpatia que o mantenha na direção do bem.

A mulher ricamente adornada, que supões venturosa, muitas vezes, transporta consigo pesadas desilusões, a rogar-te auxílio a fim de conseguir suportar a carga de sofrimentos a que se vincula.

Quem administra espera a cooperação de quantos lhe partilhem a tarefa, para que essa tarefa se derrame em amparo generalizado, em favor de todas as criaturas para as quais é dirigida.

Quem obedece solicita o concurso possível dos outros para que as sugestões da indisciplina não lhe conturbem a vida.

Os bons exigem apoio das ideias e palavras edificantes para que não se desviem da rota que o mundo lhes assinala, e os maus reclamam proteção específica, a fim de que se contenham e aprendam a se desvencilhar de qualquer conotação com as forças da crueldade.

Conciliemo-nos, buscando comunicar-nos através do lado melhor que possamos apresentar em esforço recíproco, para que a parte ainda rústica de que sejamos portadores seja burilada menos dificilmente pelos instrumentos da vida.

Concluamos, assim, que seja qual seja o caminho em que estivermos, quantos nos cruzem os passos necessitam de paz e compreensão. E, dentro do assunto, observemos que, em nos referindo a semelhantes recursos, todos nós, em qualquer posição, precisamos e precisaremos deles também.

(AE 1981)

40

Ante os cimos

Emmanuel

Compreendemos a dor que se te vincula ao Espírito quando a prova te busca.

É como se a morte do coração se antecedesse à do corpo, impelindo-te a vegetar nos processos da vida.

Arquitetaste a paisagem doméstica, no clima de amor e paz, e te prendeste a extenso campo de problemas na intimidade do lar.

Investiste confiança e ternura em alguém que te deixou a sós, convertendo-te o sonho em amargosa experiência.

Perdeste talvez o equilíbrio orgânico e te internaste em longo período de enfermidade ou recuperação, adiando realizações que te parecem fundamentais na conquista da própria segurança.

Entregaste pessoas queridas às requisições da morte e carregas lesões do sentimento, sob nuvens de lágrimas que te arrasam as forças.

Viste familiares alterando o comportamento, a te permutarem a dedicação por aventuras estranhas, relegando-te a presença a extremo abandono.

Atravessaste a existência em atividade e abnegação e, agora, sem os que mais amas, provavelmente, contemplas melancolicamente a face da velhice corpórea.

Entretanto, renova-te em Espírito e deixa que a fé te reajuste a visão.

Nas dificuldades do lar, reténs a oficina de trabalho em que resgatas as sombras do passado para o suspirado acesso à luz;

nos seres amados que te deixaram a sós, dispões de instrumentos valiosos que te burilam os sentimentos;

nos empeços orgânicos, possuis agentes preciosos de cura e embelezamento do próprio ser;

nas afeições que se transferiram para a Vida Maior, contas com tesouros de amor nos júbilos porvindouros;

nos familiares que modificaram a própria conduta, em padrões menos felizes, tens motivos de ensinamento e sublimação;

e no desgaste físico, em trabalho incessante, descobres novas formas de serviço e esperança, preparação e felicidade.

Observa a existência com os olhos do Espírito, e sublime renovação se te fará cada vez mais bela nas sendas em que avanças.

Reflete na Sabedoria e na Bondade de Deus, pensa na perenidade do amor e na imortalidade da alma, e, seja qual for a prova em que te encontres, reconhecer-te--ás a caminho da Espiritualidade Superior, sentindo, por dentro do próprio coração, a indefinível alegria do Grande Alvorecer!...

(AE 1975)

41

Ninguém mais viu

Cornélio Pires

Pregava o novo médium Zico Panca:

– A caridade é a luz que nos domina,

Quero servir, irmãos, quero a doutrina,

Quem quiser me procure em Terra Branca

Minha casa é meu Centro... Não tem tranca,

O bem nos guia, a fé nos ilumina,

O trabalho do amor é paz divina,

Do trabalho de Deus ninguém me arranca!...

O povo acreditou e logo veio

Do Brejal, do Praião, de Vau do Meio...

Ele, durante um mês, serviu contente!...

Depois, falou que a vida é desapego,

Foi repousar no sítio do Sossego

E ninguém mais viu Zico pela frente!...

(AE 1975)

42

Motes da coragem

Sílvia Fontoura

Anota os próprios impulsos,

Ideias, votos e assomos;

A vida é assim qual espelho:

Reflete-nos tais quais somos.

Não esmoreças no bem,

Nos dias de sombra e prova,

Quem trabalha acha em si mesmo

A força em que se renova.

Quem se entrega às boas obras
Não sofre como se diz,
Quanto mais luta e trabalha,
Tanto mais se vê feliz.

Quem ama, serve e prossegue
Sem desprezar a ninguém,
Encontra no próprio mal
A sementeira do bem.

Se o erro te punge o peito,
Serve e segue, coração,
Os astros brilham no escuro,
As flores nascem do chão.

No rio de teus deveres,
Não descanses, toca o barco;
A água parada é a que cria
A pestilência do charco.

(AE 1975)

43

Bilhete da Regra Áurea

André Luiz

Justo que você peça a felicidade.

Rogue, porém, ao Senhor, igualmente, a necessária compreensão para aproveitá-la, semeando felicidade em seu caminho.

Cultive o contentamento de dar.

Não azede, entretanto, os seus benefícios com a exigência da gratidão.

Estime a sua independência.

Respeite, todavia, a liberdade dos semelhantes.

Fale como julgue melhor.

Ouça, porém, com apreço, a palavra do próximo, qualquer que ela seja.

Considere os seus triunfos.

Não desmereça, contudo, as conquistas alheias.

Reconforte os irmãos em prova.

Compartilhe, no entanto, igualmente, a alegria daqueles que se vejam em condições mais favoráveis que as nossas.

Colabore na construção do bem.

Mas não crie dificuldades na obra a realizar.

Perdoe aos adversários.

Desculpe, todavia, aos amigos quando aparentemente lhe firam o coração.

Exalte o bem.

Entretanto, não destaque o mal.

Sofra as lutas naturais do caminho a percorrer.

Ofereça, porém, o seu melhor sorriso, por raio de sol da sua fé, para que a sombra passageira de sua inquietação não aumente a intranquilidade dos outros.

Aconselha a Regra Áurea: "faça ao próximo aquilo que você deseja lhe seja feito".

Isso, no fundo, quer igualmente dizer que, se você deseja auxílio eficiente, tanto quanto possível dê auxílio completo aos outros, sem desajudar a ninguém.

(AE 1969)

44

Trabalho em nós

Emmanuel

Cada vez mais predominante na Terra a necessidade do trabalho com o entendimento da importância de semelhante ingrediente na evolução.

A sabedoria da vida estabelece o serviço profissional, seja na administração ou na subalternidade, quase que por látego indispensável à preservação da saúde e da harmonia mental das criaturas; no entanto, existe a sublimação do trabalho nas atividades do bem ao próximo, nas quais o servidor comparece voluntariamente, sem qualquer ideia de remuneração: altruísmo enfatizado no mundo pelas religiões ou fora delas.

É, sobretudo, para esse tipo de ação que a Espiritualidade Maior convida as criaturas da Terra, a benefício delas mesmas.

Caridade, beneficência, filantropia ou assistência social, sob qualquer dessas legendas, os companheiros domiciliados no Plano Físico encontram oportunidades valiosas para a aquisição de valores da alma, com expressão definitiva e substancial em qualquer sistema de vida.

Muitos amigos menosprezam o ensejo que se lhes oferece, pronunciando recusas quais estas:

– "Quem sou eu para servir?"

– "Sou um feixe de informações..."

– "Conheço o meu atraso moral."

– "Meus defeitos são meus impedimentos..."

– "Não tenho qualidades para comparecer nas boas obras."

Entretanto, os convites dos Orientadores Espirituais – realmente orientadores – falam em serviço, e não em santidade.

Eles sabem que somos ainda consciências endividadas em evolução.

Temos conosco refulgências de estrelas e sombras de abismos, tranquilidade e tumulto, fontes de amor e desertos de incompreensão, e não seria justo exigir perfeição nos seres em aperfeiçoamento.

Fugir do trabalho de auxílio aos outros, sob esse ou aquele pretexto, é mera desculpa de quantos preferem retardar a melhoria própria.

E afirmamos isso porque estamos muito longe do clima dos anjos e, se quisermos caminho de elevação para o reencontro com aqueles que nos esperam nas vanguardas da luz, a única opção será sempre: – servir.

(AE 1984)

45

Entraves felizes

Emmanuel

Não enfatizes, em demasia, os obstáculos humanos, porque, em muitos lances da existência, os entraves do caminho se revestem de natureza providencial.

A festa que perdeste foi o meio de que se valeram os benfeitores espirituais para evitar-te o encontro com alguém, cuja influência apenas te envolveria em complicações.

A herança a que tinhas direito e que, por várias circunstâncias, não pudeste receber, terá sido um peso fatídico retirado de teus ombros.

O encontro marcado que não se efetuou decerto te liberou de aborrecimentos e prejuízos.

O companheiro que se afastou, conquanto te lastimes, foi o estímulo para que te desvencilhasses de ruinosa dependência.

O órgão doente, que, porventura, ainda carregues, é a peça de controle, a fim de que não te percas da ponderação e do equilíbrio.

Em todos os episódios que te pareçam contrários, guarda serenidade e paciência, porquanto dia virá no qual reconhecerás que todos os obstáculos que te impediram o acesso ao que mais desejavas e não tiveste foram bênçãos de Deus para que hoje usufruas as vantagens que tens.

(AE 1985)

46

Viver em paz

Jair Presente

Se queres viver em paz,

Segue os princípios do bem.

Atende ao próprio caminho,

Não penses mal de ninguém.

Ama a tarefa que tens

E o dever que ela te aponta;

Sobre os problemas dos outros,

Não formam em nossa conta.

Não guardes ideias tristes

Entre as lembranças que levas,

O Sol atravessa a noite

Sem alterar-se nas trevas.

Se alguém te ofende, perdoa,

Seja na rua ou no lar,

Todos nós, perante a vida,

Somos capazes de errar.

Quanto ao mais, confia em Deus

E anota esta lei segura:

Cada pessoa se vira

Sob aquilo que procura.

(AE 1984)

47

Para refletir

Meimei

A fim de conquistarmo-nos para os objetivos supremos da perfeição, é imperioso nos reconheçamos na estrada do aprimoramento.

Por semelhante motivo, é natural:

que o pensamento, vezes e vezes, se nos amargure, ante os desenganos e desapontamentos do mundo;

que as emoções se nos desequilibrem,

compelindo-nos a grandes obstáculos de conciliação;

que a tentação nos visite, a ponto de acenar-nos com as perspectivas de queda em sofrimentos de longo curso;

que a incompreensão alheia nos agite, impelindo-nos a desajustes e frustrações;

que os conflitos psicológicos se nos acirrem no íntimo, retardando-nos as melhores realizações;

que nos admitamos em erro, que só a experiência e o tempo nos auxiliarão a corrigir;

que inúmeros obstáculos nos dificultem os passos para a frente...

Mas, diante do socorro que diariamente recebemos, não é natural que desistamos de trabalhar na seara do bem, porque, por piores sejam as circunstâncias, poderemos ouvir a voz da esperança, afirmando-nos que Deus nunca exigiu nos aperfeiçoássemos de um dia para outro, e que, por isso mesmo, Jesus, o Divino Companheiro, nunca nos abandona em caminho.

(AE 1982)

48

Então é preciso

Emmanuel

Orientação para as horas em que o mal predomina. Há quem a solicite, como se não a tivéssemos.

Por que e para que teremos sido chamados ao serviço do Cristo?

Decerto que, se a nossa compreensão já foi iluminada no conhecimento evangélico, o Senhor, conquanto as nossas falhas, aceitou-nos por misericórdia a colaboração na seara do bem e, se Ele nos concede a felicidade de trabalhar nela, será justamente para que o bem se manifeste, através de nós, estendendo-lhe o apostolado renovador.

Se encontramos impedimentos e lutas morais, lembrando calhaus a meio do caminho, então é preciso recordar que, se o Senhor nos permite vê-los, não é para que lhes comentemos debalde a aspereza, e sim para que venhamos a afastá-los caridosamente da estrada, evitando acidentes da alma para os nossos irmãos outros, que exigem trânsito equilibrado nas vias do Espírito, a fim de errarem o menos possível na trilha a percorrer.

Se somos defrontados por amigos em tremendos conflitos consigo mesmos para se desincumbirem dos próprios compromissos nas boas obras, seja suportando-as dificilmente ou ausentando-se delas, então é preciso considerar que, se o Senhor nos faculta bastante discernimento para verificar-lhes as falhas, isso não acontece para que se nos façam eles objetos de críticas, e sim para que venhamos a auxiliá-los, complementando-lhes o trabalho deficitário ou substituindo-os, quanto nos seja possível, no desempenho das obrigações que lhes cabem.

Em todos os lugares, os seguidores do Cristo são esperados para representá--lo em alguma circunstância ou junto de alguém.

Nos momentos graves, sejam quais sejam, indaguemo-nos, pois, como resolveria Jesus as questões complexas que se nos apresentam e, da inspiração dele, virá até nós, por norma invariável, o bem aos outros, dando de nós, sem pensar em nós.

Se os entes queridos não são os companheiros ideais que julgávamos fossem, então é preciso compreender mais e servir mais. Se os acontecimentos não são aqueles que nos favorecem segundo a nossa própria expectativa, então é preciso trabalhar mais e esperar mais.

Em qualquer eventualidade menos desejável da vida, quando o mal aparece transitoriamente vitorioso, é preciso reconhecer que o mundo está repleto daqueles que sabem reprovar ou condenar, maldizer ou ferir, mas Jesus situou-nos junto do próximo, como sendo o lado da bênção e a parte do amor.

(AE 1982)

49

Luzes do entardecer

Meimei

Conserva contigo os companheiros idosos, com a alegria de quem recebeu da vida o honroso encargo de reter, junto ao coração, as luzes remanescentes do próprio grupo familiar.

Reflete naqueles que te preservaram a existência ainda frágil, nos panos do berço; nos que te equilibraram os passos primeiros; nos que te afagaram os sonhos da meninice e naqueles outros que te auxiliaram a pronunciar o nome de Deus.

Já que atravessaram o caminho de muitos janeiros, pensa no heroísmo silencioso com que te ensinam a valorizar os tesouros do tempo, nas dificuldades que terão vencido para serem quem são, no suor que lhes alterou as linhas da face e nas lágrimas que lhes alvejaram os cabelos...

E quando, porventura, te mostrem azedume ou desencanto, escuta-lhes a palavra com bondade e paciência... Não estarão, de certo, a ferir-te, e sim, provavelmente, algo murmurando contra dolorosas recordações de ofensas recebidas, que trancam no peito, a fim de não complicarem os dias dos seres que lhes são especialmente queridos!...

Ama e respeita os companheiros idosos!... São eles as vigas que te escoram o teto da experiência e as bases de que hoje te levantas para seres quem és...

Auxilia-os quanto puderes, porquanto é possível que, no dia da existência humana, venhas igualmente a conhecer o brilho e a sombra que assinalam, no mundo, a hora do entardecer.

(AE 1985)

50

Genética espiritual

Emmanuel

É lamentável o dogmatismo estreito das escolas científicas da Terra que teimam em não reconhecer, no seu patrimônio, uma série de conhecimentos instáveis, mesmo porque, sendo humanos, encontram-se saturados da relatividade a que se subordinam todos os fenômenos do planeta.

Esclarecidas pelas verdades do Espiritismo, a biologia, a química, a física e a medicina, no futuro, renovarão as suas concepções, investigando o complicado problema das origens, considerando-se, todavia, que a humanidade somente poderá intensificar as suas aquisições evolutivas quando buscar desenvolver a sua visão espiritual, dentro da ascensão moral na virtude e no conhecimento.

Vós outros, os encarnados, sois os primeiros a observar as maravilhas já descobertas, entretanto, bem sabeis que o homem material terá sempre um limite para as suas perquirições do invisível.

Esse limite reside na estrutura do seu olho, cuja potencialidade visual está em correspondência direta com a sua capacidade de conhecimento.

Esse "homem material" já conseguiu muito e é louvável todo o seu esforço, na elucidação de todos os problemas da vida.

No capítulo da biologia, a teoria dos "genes" tem a sua importância no drama biológico, e a hereditariedade física tem o seu incontestável ascendente, no seio das espécies da natureza.

Aí está, contudo, um campo imenso, onde os estudiosos materialistas somente poderão se socorrer das hipóteses inverossímeis, caso persistam em se conservar longe das verdades imutáveis do Espírito.

A ciência poderá mesmo equilibrar os elementos da gênese profunda dos seres, mas esbarrará sempre com a claridade espiritual que se irradia de todos esses movimentos, ordenados, dentro de certa matemática, estranha aos homens e independente de sua colaboração.

A ciência terrestre, afinal, poderá especializar as suas atividades, surpreendendo novos compêndios e catalogando novos valores nos seus centros de estudo, mas não terá realizado um trabalho mais sério, em benefício da alma humana, sem espiritualizar o homem.

É esse "homem espiritual" do porvir que poderá alçar voos mais altos, porquanto não terá a visão adstrita às reduzidas possibilidades do olho humano.

Seu campo de ação será vastíssimo, abrangendo o infinito, de cuja grandeza insondável participará naturalmente, pelos caminhos evolutivos.

Os cientistas do mundo deveriam estar atentos para com os imperativos dessa "genética espiritual", cujas lições e cujas sínteses se encontram aí no orbe totalmente no problema da educação individual e na cultura dos sentimentos.

Sem o estudo desses "genes espirituais", que constituirão as células da nova organização social do futuro, no elevado plano moral das criaturas, os estudiosos e os seus compêndios não sairão das discussões esterilizadoras, no abismo das hipóteses em que se submergiram.

A nossa preocupação atual caracteriza-se no esforço de formarmos o maior número de corações para a grande causa.

Os espiritistas sinceros são os colaboradores da nossa tarefa humilde e simples, cujo êxito requer o máximo de boa vontade.

Coloquemos mãos à obra e, enquanto os nossos irmãos estudam e analisam as células orgânicas, procurando estabelecer o equilíbrio e determinar a distribuição dos "genes" pelos corpos, organizaremos a nova genética dos seres, trabalhando pela edificação do "homem espiritual" do futuro, quando, então, a palavra do Divino Mestre apresentará uma claridade nova para todos os corações.

(AE 1992)

51

Conversa de irmã

Maria Dolores

Alma irmã, não te amedrontes
Na senda em que te renovas,
Ante o cadinho das provas
Do mundo a te constranger.
Pela bússola da fé,
Já conheces como e onde
A obrigação se te esconde
Nos vínculos do dever.

Segue adiante e não temas
As frases cruéis que escutas,
Calúnias, sarcasmos, lutas
Que te buscam destruir.
Esses venenos da estrada,
Misturas de treva e lodo,
Desaparecem, de todo,
Se te deténs a servir.

Se a incompreensão te molesta,
Por mais que a mágoa te doa,
Suporta, olvida, perdoa
Nas lides a que te dás;
Quem elege no silêncio
O apoio de cada dia
Faz-se ponte de harmonia
Para o serviço da paz.

No Lar que o Céu te concede,
Espera-te a confiança,
Se o fel da intriga te alcança
Por sofrimento a transpor,

Converte o fio de sombra
Em convite à tolerância
E apaga ofensa e distância
Para a vitória do amor.

Alma irmã, nunca te esqueças
De que a Terra é a nossa escola,
O que aflige ou desconsola
São sempre lições de luz.

Dificuldade e desgosto
Das horas amarguradas
Significam tomadas
De ligação com Jesus.

(AE 1992)

52

Confrontos

Emmanuel

Todos admiramos as demonstrações esportivas que reúnem multidões a fim de apreciá-las, no entanto, seria muito importante que esses encontros e campeonatos fossem igualmente efetuados no campo do espírito.

Aplaudimos os corredores, entretanto seria de muito valor atribuir prêmios aos operários que chegassem mais cedo para o trabalho.

Temos os alpinistas que galgam picos de enorme elevação com paciência e cuidado, mas deveríamos destacar os companheiros que escalam, em silêncio, altos montes de dificuldades e tribulações sem incomodarem a ninguém.

Dedicamos respeitoso apreço aos campeões de natação, todavia, seria justo homenagearmos os irmãos que bracejam no suor do dia a dia, nos serviços que redundam em auxílio à comunidade.

Muitos companheiros conquistam merecidos destaques no halterofilismo, entretanto, nos cabe lembrar os homens ativos e decididos que carregam pesos enormes, garantindo o êxito nas construções.

Aviadores eméritos ganham preciosas medalhas pelas imensas alturas que atingem. Mas não nos será lícito esquecer os amigos que vencem a solidão e o sacrifício, elevando-se a grandes eminências da fé em Deus, e em si mesmos, para nos transmitirem a luz da vida interior, que nos faz melhores e, sobretudo, mais humanos.

Em suma, será providência das mais compreensivas, prestigiar o esforço de quantos se empenham às tarefas de aperfeiçoamento da vida física, no entanto, esses empreendimentos seriam mais louváveis se também estimulassem os valores do Espírito.

(AE 1989)

53

Conversa em noite fria

Maria Dolores

Sofres por bagatela, alma fraterna e boa,
Qualquer falta de alguém te fere e atordoa.

Uma colcha rompida, um ônibus que atrasa,
Um menino que reina, uma barata em

[casa.

Pensa, no entanto, em teu leito macio,
Nos irmãos sem pousada a tremerem de frio.

Olha o filho que tens, sob a lã trabalhada,
E recorda a criança em febre na calçada.

Revisa a própria mesa farta, em cada novo
[dia,
Quando a tanto doente um caldo alegraria.

Vai ver mães sozinhas, rua afora,
Solicitando um pão para o filho que chora.

Anota os pobres mendigos em feridas,
Que oram sob as pontes esquecidas.

Vê a penúria extrema e, depois, volta
[aos teus!...
Sentirás, em teu lar, um palácio de Deus!...

(AE 1989)

54

Grandeza

Emmanuel

Quanto mais avança o tempo nas trilhas da História, apartando-se-lhe da figura sublime, mais amplo esplendor lhe assinala a presença.

Ele não era legislador, e a sua palavra colocou os princípios da Misericórdia nos braços da Justiça.

Não era administrador e instituiu, na Caridade, o campo da assistência fraternal em que os mais favorecidos podem amparar os irmãos em penúria.

Não era escritor e inspirou, e ainda inspira, as mais belas páginas da Humanidade.

Não era advogado e, ainda hoje, é o defensor de todos os infelizes.

Não era engenheiro e continua edificando as mais sólidas pontes, destinadas à aproximação e ao relacionamento entre as criaturas.

Não era médico e prossegue sanando os males do Espírito, além de suscitar o levantamento constante de mais hospitais e mais extensas obras de benemerência, capazes de estender alívio e socorro aos doentes.

Ensinou a prática do amor, renunciando à felicidade de ser amado.

Pregou a extinção do ódio, desculpando, sem condições, a todos aqueles que lhe ultrajaram a existência.

Não dispunha dessa ou daquela posse, na ordem material dos homens, e enriqueceu a Terra de esperança e de alegria.

Não viajou pelos continentes do Planeta, mas, conversando com alguns necessitados e desvalidos, na limitada região em que morava, elevava constantemente os destinos da vida comunitária.

Embora crucificado e tido por malfeitor, há quase vinte séculos, quando os povos tentam apagar-lhe os ensinamentos, a Civilização treme nas bases.

Esse homem que conservava consigo a sabedoria e a beleza dos anjos, tem o nome de Jesus Cristo.

O seu imenso amor é a presença de Deus na Terra, e a sua vida é e será sempre a luz das nações.

(AE 1988)

55

Perdão sempre

Emmanuel

Quem deseje encontrar a paz na vida, perdoe as provas que a vida nos apresenta.

Se procuramos a paz com os amigos, perdoemos a todos sem reclamar as faltas que nos ofertem.

Se desejamos a paz com os vizinhos, tratemos a todos eles com a bondade e a distinção com que desejamos ser tratados.

Se desejamos a paz com a natureza, procuremos agir com ela dentro do equilíbrio com que somos por ela beneficiados.

Se aspiramos a obter a paz com os inimigos, abençoemos a todos eles como ansiamos ser por eles abençoados.

Se queremos a paz com os animais, respeitemo-los como aspiramos ser por eles respeitados.

Se queremos paz com a própria saúde, protejamos o corpo que nos serve de moradia como precisamos ser protegidos.

Se queremos a paz com as criaturas infelizes, tratemo-las todas com o amparo que venhamos a precisar receber de cada uma delas.

Se queremos encontrar a paz da felicidade, saibamos repartir com os outros os melhores sentimentos do coração, com a mesma esperança de que, algum dia, venhamos a precisar do auxílio de qualquer um deles.

Se sonhamos guardar conosco a paz de Deus, procuremos trazer a nossa consciência ligada ao amor infinito, com a fé vigorosa com que somos chamados a viver cumprindo os desígnios de Deus.

(AE 1993)

56

Confissão

Maria Dolores

Revendo as falhas que tenho,

Das mais diversas e feias,

É que tenho tanto empenho

Em ver as falhas alheias.

Tantas vezes, vivo errada!...

Senhor, guarda-me no Bem.

Também eu caio na estrada,

Não posso julgar ninguém.

(AE 1998)

57

Forças mentais

Bezerra de Menezes

Amigos:

Tendes observado os poderes do pensamento.

Exibições vivas. Demonstrações e estudos.

Não nos iludamos quanto à necessidade do burilamento espiritual, em se tratando de realizações coletivas, para conquistarmos, na Terra, o domínio dessas forças.

Consideremos que por agora, no Plano Físico, somos criaturas nem sempre harmoniosamente afinadas umas com as outras.

Se milhares de inteligências se unirem na atualidade, numa faixa única de sintonia, sem o aperfeiçoamento a que nos reportamos, o que seria das comunidades terrestres se as projeções de energia mental concentrada se fixassem nos assuntos de hegemonia ou destruição?

O ensinamento de que se nos clareia o raciocínio atinge por analogia os nossos problemas de intercâmbio, entre os dois lados da vida.

Vejamos o assunto entre as criaturas na experiência física e aquelas outras em que as ocorrências da morte situaram no Mais Além, todas elas no mesmo gabarito sentimental.

Como reclamar segurança e ordem, paz e harmonia entre os dois planos, se Espíritos imperfeitos, que ainda somos, viéssemos a usar o expediente a que nos referimos, a fim de provocar manifestações e pronunciamentos, em regime de urgência, unicamente atendendo a critérios pessoais?

Aqui, entra o impositivo de nos ajustarmos à força disciplinadora da religião.

Se nos propomos a manejar, com proveito, os recursos do pensamento, é preciso que a oração nos controle os impulsos para que o espírito de utilidade se nos sobreponha à vocação para o tumulto.

Sem a ideia de Deus e sem a prática do serviço desinteressado ao próximo, não nos será possível sintonizar integralmente as forças da vida com a Lei do Eterno Bem.

Pensemos com base no amor – no amor que Jesus nos ensinou – e teremos a chave que nos descerrará o caminho de elevação para a felicidade comunitária no Grande Amanhã.

(AE 1998)

58

Caravana

Meimei

Qual se te visses em meio de grande multidão, da qual participas, observas os que passam renteando contigo na caminhada.

Natural que te enterneças ante os que se apresentam infortunados e enfermos.

Os tristes e os fracos, os cansados e os esquecidos te arrancam melodias de ternura às cordas do coração.

Entretanto, não silencies essa música da alma à frente daqueles outros que pareçam felizes.

Não raro, indagas a ti mesmo por que passam tantos deles, como se não enxergassem o sofrimento dos semelhantes, qual se andassem sob a hipnose do luxo e do prazer.

Não te precipites, porém, no espinheiral da censura.

Abençoa e serve a todos, tanto quanto puderes.

Bastas vezes, o homem que se te adianta em caminho, na posição de comandante da fortuna, traz um cérebro esfogueado por aflições que não conseguirias suportar; outro, que se te afigura perdulário, quase sempre é doente buscando a fuga de si próprio; outro ainda que avança, recolhendo condecorações e medalhas pelos recursos que conseguiu entesourar, frequentemente, é um mendigo de amor, relegado à solidão; a mulher que enxergaste ricamente trajada costuma ocultar no peito enorme vaso de lágrimas que não conseguem cair; e aquela outra que se te revela por expoente de beleza e poder, muitas vezes, transporta uma cruz de fel por dentro do coração.

Não critiques nem apedrejes criatura alguma.

Na Terra e fora da Terra, integramos a imensa caravana, que se desloca incessantemente para diante.

Não reproves ninguém.

Todos somos viajores nas estradas da vida, necessitando do auxílio uns dos outros, e todos estamos seguindo com sede de compreensão e fome de Deus.

(AE 1999)

59

Doação esquecida

Valérium

O homem desencarnou suplicando a assistência de que necessitava...

Possuía fortuna...

Contava com amigos numerosos...

Desfrutava a máxima consideração social...

Apoiava-se em excelente grupo doméstico...

Estesourara primorosa cultura...

Experimentara terapias diversas...

Residia em confortável mansão...

Efetuara muitas viagens de recreio e de cura...

Movimentava largos cabedais de influência...

Entretanto, o pobre companheiro provocou a própria morte, pedindo socorro...

E tão só no Mais Além ficou registrado que o irmão menos feliz se rendera a semelhante violência contra si mesmo pela falta de coragem de ser como a vida lhe pedia que fosse e de aceitar as circunstâncias da existência que a Eterna Sabedoria lhe confiara para que realizasse, no mundo, o melhor que poderia fazer...

Amigo, em suas boas obras, inclua o donativo quase sempre esquecido da coragem, porque milhares de companheiros nossos na Terra aguardam, ansiosamente, o apoio de esperança, a fim de que possam aprender a trabalhar, lutar e viver.

(AE 1999)

60

Amor e atração

Emmanuel

Dentro da noite fria, o discípulo inquiriu:

– Instrutor, como entender a atração do amor? Por que se destroem tantas criaturas, em nome do afeto?

O sábio pensou, pensou...

Depois, inclinando a chama da candeia que clareava o recinto, cercada por grande número de mariposas, dentre as quais muitas delas caíam mortas, esclareceu:

– Muitos se anulam, em nome do amor, por lhe ignorarem os princípios divinos. Observa as mariposas e a chama. Elas são atraídas pela luz e pelo calor, mas porque não se contentam em se aquecerem para seguir no caminho claro que a luz lhes descortina, tentam absorver toda a chama, que, por fim, as consome dentro da própria grandeza.

(AE 2001)

61

Dinheiro parado

Cornélio Pires

Dinheiro que chega em paz,

Que as leis do bem não transgrida,

É sempre bênção de Deus

No passo de nossa vida.

Se não é posto em capricho

Nem vive parado em vão,

É sangue para o trabalho,

Apoio da educação.

Além disso pode ser,

Nas lides da toda idade,

O doador da esperança

E a base da caridade.

Dinheiro do amor fraterno,

Luz e consolo a caminho,

Amparo do coração

Que segue triste e sozinho...

Dinheiro, porém, na tranca,

Inútil, conosco, a sós,

Dinheiro desempregado

Costuma fugir de nós.

Confirmando o que observo,

Na presunção de estudar,

Registro a pequena história

Que peço para contar:

Grande sovina o velho Nico Frota,

Para seguir na prática da usura,

Só comia mingau com rapadura

E morava no mato da Marmota.

Dormia num colchão de palha e nota,

Mas chorava: "Ah! Meu Deus, a vida
é dura!...

Se eu não andasse preso na pendura,

Não vivia sofrendo aqui na grota!..."

Certa noite, Nhô Nico, à luz de vela,

Recontava o tesouro na gamela,

Quando o fogo caiu na papelada...

Ele debalde corre, grita e clama!...

Num momento, contudo, a dinheirama

Era só labareda, cinza e nada...

(AE 1970)

62

Erros de amor

Maria Dolores

Ante os erros de amor que aparecem na vida,

Nunca ergas a voz.

Recorda, coração, se a pessoa acusada

Fosse qualquer de nós.

Quem poderá pesar as circunstâncias

De convivência, angústia e solidão!

Quanta mudança chega de improviso

Por um "sim", por um "não"!...

Entre afeto que sonha e dever que governa,

Quanto conflito surge e quanto anseio vem!...

Ninguém pode prever as lágrimas de alguém...

Votos no esquecimento, afeições destruídas,

Ocultas aflições, desencantos fatais!...

Quanto chora quem sofre, ante golpe e abandono

E quem bate ou despreza, às vezes, sofre mais...

Ante as faltas de amor, alma querida,

Não te dês à censura sempre vã,

Que o teu dia de amor incompreendido

Talvez chegue amanhã.

Problemas de quem ama, em luta e prova,

Sejam teus, sejam meus...

Quem os conhecerá, desde o princípio?...

Quem os verá?... Só Deus.

(AE 1972)

63

Escapuliu

Cornélio Pires

Ter dinheiro – encerrava Bino França

Uma sessão no Centro Irmã Zulmira –,

É caminhar na treva a que se atira

Quem se entrega no mundo à vida mansa...

Amanhã, direi mais contra a finança..."

Nisso, Nhô João da mata funga, vira

E diz que um tio dele, em Jandaíra,

Falecera deixando grande herança.

Bino fala em renúncia permanente,

Não deseja o dinheiro do parente,

Mostra a luz da pobreza, explica, ensina...

Depois, foi visitar o tio morto,

Ganhou milhões, fazenda, reconforto

E ninguém mais viu França na doutrina.

(AE 1972)

64

Serviço e migalha

Emmanuel

Encontrarás, nas trilhas da beneficência, quem se refira às grandes obras, gigantescas e impecáveis, desprezando a migalha que possas estender em benefício dos semelhantes.

Indubitavelmente, chegaremos um dia, na Terra, à consolidação de instituições benemerentes, ciclópicas e perfeitas, nas quais a ciência e a fé, o progresso e a ternura humana se unam em sintonia para materializarem os preceitos de Jesus, apagando do dicionário terrestre certas palavras-pesadelos, como sejam "penúria", "guerra", "violência" e "opressão".

Entretanto, não consideres ninharia o diminuto auxílio que alguém consiga providenciar a favor de alguém.Qual acontece, nos planos da natureza, onde a semente é o traço de ligação entre a plantação e a colheita, nas esferas do Espírito a migalha é o agente intermediário entre o sonho e a realização.

Onde o sábio que houvesse iniciado o caminho da cultura, sem as letras do alfabeto ou o gênio musical que atingisse a culminância artística, sem se haver disposto a começar a própria cultura pelas sete notas?

O prato de alimento que ofereces será talvez o recurso providencial que impedirá a queda desse ou daquele companheiro na curva descendente para a enfermidade irreversível, e a alegria que proporcionas a uma criança pode criar nela a inspiração do bem para a vida inteira.

Por outro lado, há doentes que, embora garantidos no campo econômico pela base de milhões, apenas se aliviam com o apoio de um comprimido salvador, e criaturas que, apesar de guardarem posses imensas, a fim de serem felizes, tão somente esperam algumas poucas palavras de afeto e entendimento daqueles a quem mais amam.

Não desprezes o pouco que se possa fazer pela felicidade dos semelhantes, recordando que mais vale um pão nas horas de necessidade e carência que um banquete nos dias de saciedade e vitória.

Se não podes entender o maravilhoso serviço que se atribui à migalha, medita nas lições incessantes da vida. E compreenderás, por fim, que a estreia mais fascinante do firmamento, conquanto se revele como sendo um espetáculo do Divino Poder, nas trevas da noite, não consegue penetrar à choupana isolada, onde um coração de mãe suplica pela presença de Deus, e aí desempenhar a bendita missão de uma vela.

(AE 1972)

65

Mecanismo do auxílio

Emmanuel

Todos somos filhos de Deus e, nessa condição, de um modo ou de outro, carecemos todos nós do Amparo Divino.

Meditando nisso, não teremos qualquer dificuldade para reconhecer o imperativo do apoio mútuo, em todos os nossos processos de vivência, já que não compreendemos em Deus justiça sem bondade nem bondade sem justiça.

Por essa mesma razão, é fácil observar a necessidade do ajustamento entre socorro e cooperação.

A fim de que o mecanismo do auxílio funcione com segurança, entre aquele que necessita de amparo e aquele que pode ajudar relativamente, é indispensável venha a surgir e fixar-se o auxílio daqueles outros que possam ajudar mais ainda.

O doente não prescinde do tato e do entendimento de quem o assiste, a fim de que o médico disponha do campo adequado à atuação curativa.

A criança reclama a vigilância de pais ou tutores que a protejam para que o professor, junto dela, encontre o clima propício à obra da educação.

E criatura alguma, integrada nas responsabilidades próprias, lembrar-se-á de perturbar o trabalho da recuperação física e do aprimoramento cultural, com interferências inoportunas.

Assim ocorre quanto ao socorro espiritual.

Os amigos que operam em mais elevado nível de evolução estão prontos à prestação de serviço, em favor dos companheiros em estágio educativo na Terra, mas, para isso, aguardam o concurso dos irmãos amadurecidos na experiência, que se lhes erijam em suportes às boas obras que lhes caibam realizar.

Impossível que os Instrutores da Paz consigam tranquilizar o ambiente humano quando os que verificam o imperativo da paz agravam os problemas formados pela discórdia.

Impraticável a ação dos Espíritos Benfeitores na restauração íntima de alguém quando aqueles que reconhecem a imposição de semelhante reajuste descambam para a condenação.

Se anelamos a libertação do mal, saibamos colaborar na extinção do mal.

Se nos propomos sanar o desequilíbrio, procuremos rearmonizar.

Amigos do mundo, sempre que buscardes o concurso daqueles amigos outros que se domiciliam na Vida Maior, recordai que lhes sois os pontos de apoio para que a colaboração deles se efetue.

Em qualquer plano do Universo, toda vez que desejarmos realmente o bem, é forçoso nos convertamos em colunas vivas do bem.

(AE 1972)

66

Samaritanos e nós

Emmanuel

Quem de nós não terá caído, alguma vez, em abandono ou penúria, aflição, amargura, engano ou perturbação?

À face disso, para nós, os samaritanos da bondade – a criatura que nos reergue ou reanima – será sempre aquela pessoa:

que nos acolhe nos dias de tristeza com a mesma generosidade com que nos abraça nos instantes de alegria;

que nos estima, assim tais quais somos, sem reclamar-nos espetáculos de grandeza, de um dia para outro;

que nos levanta do chão das próprias quedas para o regaço da esperança, sem cogitar de nossas fraquezas;

que nos alça do precipício da desilusão ao clima do otimismo, sem reprovar--nos a imprevidência;

que nos ouve as queixas reiteradas, rearticulando, sem aspereza, o verbo da paciência e da compreensão;

que nos estende essa ou aquela porção dos recursos de que disponha, em favor da solução de nossos problemas, sem pedir o relatório de nossas necessidades e compromissos;

que nos oferece esclarecimento, sem ferir-nos o brio;

que nos ilumina a fé, sem destruir--nos a confiança;

que se transforma em harmonia e

concurso fraterno, seja em nossa casa, ou no grupo de serviço em que trabalhamos; que se nos converte no cotidiano em apoio e cooperação, sem exigir-nos tributos de reconhecimento; que, por fim, transubstancia-se, a nosso benefício, em luz e consolação, amparo e bênção.

Detenhamo-nos a pensar nisso e, lembrando, reconhecidamente, quantos se nos fazem samaritanos do auxílio e da bondade, nas estradas da existência, recordemos a lição de Jesus e, diante dos outros, sejam eles quem sejam, façamos nós o mesmo.

(AE 1974)

67

Gratidão e rogativa

Emmanuel

Senhor!...

Ensina-nos a agradecer os bens que temos recebido de tua Infinita Bondade, sem desconsiderar os supostos males com que a tua Misericordiosa Justiça nos consolida os bens que já possuímos.

Agradecemos a presença dos amigos que nos ampliam os recursos de modo a nos garantirem o próprio reconforto, tanto quanto o concurso dos irmãos que nos auxiliam a despendê-los, seja pelos canais do trabalho ou perante a luz da beneficência; dos que nos amparam a vida e daqueles outros que nos rogam apoio, exercitando-nos nas obras de assistência e solidariedade, pelas quais jornadeamos para a aquisição do amor a que nos destinas; dos benfeitores que nos administram aulas de educação e dos companheiros que se nos fazem examinadores do grau de paciência e tolerância em que estagiamos presentemente...

Agradecemos a bênção dos associados de trabalho e de ideal que nos reconfortam e a escora dos adversários cujo policiamento nos disciplina; o amparo dos irmãos que nos animam a seguir para a frente e o incentivo daqueles outros que nos ajudam a encontrar as melhoras de que carecemos, através da crítica construtiva...

Senhor!...

Agradecemos a luz e agradecemos a sombra, sempre que a sombra nos impulsione a fazer mais luz, e agradecemos o clima da harmonia que nos tranquiliza a estrada que nos cabe percorrer, tanto quanto a tempestade de incompreensão toda vez que a incompreensão nos auxilie a descobrir a necessidade da concórdia, reunindo-nos os esforços uns dos outros para o levantamento da felicidade comum.

Diante da luta, induze-nos a reconhecer que unicamente a luta nos oferece os ingredientes precisos para a vitória da paz em nós mesmos e, perante o fracasso, qualquer que seja, faze-nos recordar que somente aprendendo e reaprendendo é que fixaremos a lição.

Senhor!...

Não nos entregues ao suposto bem que se converta em mal, nem nos permitas menosprezar o suposto mal que nos conduza ao bem. E sejam quais forem as provas a que formos chamados, ajuda-nos a reconhecer que a tua sabedoria misericordiosa reina sobre nós e que, acima de nossas tribulações e obstáculos, dificuldades e lágrimas, estamos todos reunidos em teu coração, incessantemente sustentados em teu amor para sempre.

(AE 1974)

68

Temas diversos

O homem, por mais se eleve,
Seja culto como for,
Nunca sabe quanto deve
Ao benefício da dor.

Ormando Candelária

Diploma? Brilho? Talento?
Observa-se em qualquer rua:
Na escola do sofrimento,
Pouca gente se gradua.

Lucano dos Reis

Quem tudo faz quanto anseia
Não é feliz como pensas;
Coração que se refreia
Evita provas imensas.

Gil Amora

Eis a sentença que li
Numa legenda remota:
– Por não viver para si
A Terra nunca se esgota.

Silveira de Carvalho

O homem que não trabalha
Lembra peça de museu
Sob o luxo de antiqualha
Sem saber que já morreu.

Ciro Silva

(AE 1979)

69

Obediência e vida

Emmanuel

Todas as obras da Criação se revestem de grandeza, pela obediência com que se vinculam à Vida Cósmica.

Ninguém concebe férias para o sol, a fim de que se refaça de imaginária fadiga.

Pessoa alguma espera que o mar se derrame, engolindo cidades, a não ser nos raros momentos que a História registra.

Seria ilógico pensar numa fonte que se voltasse para a retaguarda, resolvendo encerrar-se num poço.

Todo progresso no mundo se baseia em evolução e sequência.

Realmente, a liberdade autêntica existe, no entanto, essa liberdade tem o tamanho dos deveres cumpridos.

Sem ordem e sem limites, sem dimensões e sem horários, a vida na Terra seria apenas o caos.

(AE 1986)

70

Orações concretas

Maria Dolores

Com as próprias ações que fazes e
[arquitetas,
Tens o ensejo feliz das orações concretas.

Muitas preces verbais, com a justa exceção,
Caem no campo extenso e frio da ilusão...

O pão que destinaste ao pobre sem
[ninguém,
É a força que te traz o conforto do Além.

O amparo que ofereces aos recém-nascidos,
É proteção e amor para os entes queridos.

Roupa usada que dês ao filho da indigência,
É auxílio aos teus conflitos na existência.

Perdão, sem condições, à ofensa recebida.
É o socorro do Céu que te garante a vida.

Em toda parte, estão os agentes da Luz
Acrescentando paz às bênçãos de Jesus.

Todo o bem que se faz e do qual não se
[cansa
É bondade, paciência, alegria e esperança.

Desde o homem mais nobre aos últimos
[plebeus,
A caridade, em si, é a Presença de Deus.

(AE 1990)

71

Vida e amor

Antenor Horta

São dois corações fraternos

Que se fitam encantados,

Dizem amigos em torno

Que eles já são namorados.

Permutam palavras lindas

Trocam pétalas douradas,

Passeiam, todas as noites,

Beijando-se nas estradas.

Lembram fatos, contam casos
Da mais diversa expressão,
São felizes, a contento;
Anunciam-se em noivado
E combinam casamento.

O enlace foi realizado,
Segundo normas antigas,
Preces, doces e presentes,
Em meio a vozes amigas.

Juntos agora sorriem,
Resguardando a luz da paz,
Pois fazem o que desejam,
Buscando o que lhes apraz.

Findos, porém, poucos meses,
Chega o tempo de fastio,
Ela mostra a face triste,
Ele tem o olhar sombrio.

Quando ele chega, ela diz:

– Abre o teu rosto fechado!

Ele fala: – Se eu tivesse refletido,

Jamais teria casado.

E o casal vive em silêncio,

Sofrendo amarga tensão,

Ao invés de procurar

A própria conciliação.

Trocavam palavras feias

Arrufos, queixas, conflitos,

Quanto mais corria o tempo,

Mostravam-se mais aflitos.

Queriam que o mundo fosse

Belo jardim, mas não é...

Declaravam-se quais ateus

Entretanto, resguardavam

Migalhas da própria fé.

Surgiu momento mais triste.

Alegou que o chefe, o doutor Matias,

Pediu-lhe abnegação

De viajar por três dias.

Era assunto de seu cargo!...

A esposa lançou protesto,

Mostrando um sorriso amargo.

Ela se ergueu e exclamou

– Minha vida fez-se um osso,

Nisso, uma serva avisou:

– Tudo pronto para o almoço.

Logo após, ele fez-se ausente

Para cumprir o dever

A esposa recusou a despedida,

Não sabia o que fazer.

Depois da ausência, ei-lo de volta.

Entrou em casa devagarinho,

No quarto, notou a esposa

Vestindo um pequenininho...

Ao vê-lo, exclamou contente:
– Nasceu nosso filho amado...
Ele abraçou-a cortês,
Em seguida, pôs-se de lado.

Contemplava o pequenino,
Como quem pensa e compara,
Que mostrou nos sinais dele,
A cópia da própria cara.

Disse alegre: – "Minha flor"
Ele terá meu carinho,
Agora já temos em casa,
Nosso esperado filhinho!

Beijou a senhora em pranto,
Perdendo o jeito tristonho;
Unidos até o recém-nato,
Fitando os mantos seus,
Abraçaram-se felizes,
Rendendo Graças a Deus.

Contei esta história longa,

Em que o amor se descerra,

Para dizer que a família

É a Bênção Maior da Terra.

Primeiro veio a vontade

E a atração a se interpor;

Diz que acima da amizade

É que brilha a luz do amor.

(AE 1993)

72

Perante a vida

Emmanuel

A riqueza é lição.

A pobreza é prova.

A lição informa.

A provação corrige.

A riqueza é possibilidade.

A pobreza é necessidade.

A possibilidade permite.

A necessidade dificulta.

A riqueza é malho.

A pobreza é bigorna.

O malho educa.

A bigorna ampara.

A riqueza é fonte.

A pobreza é solo.

A fonte fecunda.

O solo produz.

Todavia, se a lição não se estende, é orgulho enquistado.

Se a provação nos aperfeiçoa, é azorrague de desespero.

Se a possibilidade nos auxilia à vitória do bem, é caminho ao império do mal.

Se a necessidade não aproveita, é porta à rebelião.

Se o malho comanda em excesso, é martelo destruidor.

Se a bigorna foge ao serviço, a obra em formação não atende aos seus fins.

Se a fonte não desfila, é charco perigoso.

Se a gleba é preguiçosa, faz-se imenso deserto.

Reconheçamos que riqueza e pobreza são simples condições do progresso comum e, ajustadas em ordem, no trabalho constante, serão, por toda parte, como força divina, levantando a alma humana, da Terra para o Céu, em sublime ascensão.

(AE 1990)

73

Assunto de amor

Cornélio Pires

Na Terra, o amor paga imposto,
Como exige a Natureza:
– Por dois anos de alegria
Paga quatro de tristeza.

No Mundo, a união em dupla,
O epílogo é sempre assim:
Se o enfado chega aos dois,
O Grande Amor chega ao fim.

O beijo mais cativante,

Segundo conceitos sábios,

É um sonho maravilhoso

Que deve ficar nos lábios.

(AE 1994)

74

Bem-aventurados os pobres de espírito

Emmanuel

Quando Jesus reservou bem-aventuranças aos pobres de espírito, não menosprezava a inteligência, nem categorizava o estudo e a habilidade por resíduos inúteis.

O senhor, aliás, vinha enriquecer a Terra com Espírito e Vida.

O Divino Mestre, ante a dominação da

iniquidade do mundo, honrava, acima de tudo, a humildade, a disciplina e a tolerância.

Louvando os corações sinceros e simples, exaltava Ele os que se empobrecem de ignorância, os que arrojam para longe de si mesmos o manto enganoso da vaidade, os que olvidam o orgulho cristalizado, os que se afastam de caprichos tirânicos, os que se ocultam para que os outros recebam a coroa do estímulo no imediatismo da luta material, os que renunciam à felicidade própria, a fim de que a verdadeira alegria reine entre as criaturas; os que se sacrificam no altar da bondade, cultivando o silêncio e o carinho, a generosidade e a elevação, nos domínios da gentileza fraterna, para que o entendimento e a harmonia dirijam as relações comuns, no Santuário doméstico ou na vida social, e que se apagam, a fim de que a glória de Jesus e de seus Mensageiros fulgure para os homens.

Aquele, assim, que souber fazer-se pequenino, embora seja grande pelo conhecimento e pela virtude, convertendo-se em instrumento vivo da Vontade do Senhor, em todos os instantes da jornada redentora, guardando-o pobre de preguiça e egoísmo, de astúcia e maldade, será realmente o detentor das bem-aventuranças Divinas, na Terra e no Reino Celestial, desde agora.

(AE 1994)

75

Luz ou treva

Maria Dolores

Pela expressão se revelam

As linhas do pensamento...

Agora, é um simples acento,

Depois, é força real.

Segundo a intenção que a dita,

Configura mais além,

A luz que nasce do bem

Ou a treva que vem do mal.

(AE 2001)

76

Na hora do desânimo

Emmanuel

Desânimo em ação espírita-
-cristã é francamente injustificável.

Vejamos alguns apontamentos, suscetíveis de confirmar-nos o asserto.

Se fomos ludibriados, na expectativa
honesta em torno de pessoas e acontecimentos, desânimo nos indicaria o propósito de infalibilidade, condição incompa-
tível com qualquer Espírito em evolução;

se incorremos em falta e caímos em desalento, isso mostraria que andávamos sustentando juízo excessivamente benévolo, acerca de nós mesmos, quando sabemos que, por agora, somos simples aprendizes na escola da experiência; se esmorecemos na tarefa que nos cabe, tão só porque outros patenteiem dentro dela competência que ainda estamos longe de alcançar, nossa tristeza destrutiva apenas nos revelaria a reduzida disposição de estudar e trabalhar, a fim de crescer, melhorar-nos e merecer; se nos desnorteamos em amargura pelo fato de algum companheiro nos endereçar advertência determinada, nesse ou naquele passo da vida, tal atitude somente nos evidenciaria o orgulho ferido, inadmissível em criaturas conscientes das próprias imperfeições; se entramos em desencanto porque entes amados estejam tardando em adquirir as virtudes que lhes desejamos, certamente estamos provisoriamente esquecidos de que também nós estagiamos no passado, em longos trechos de incompreensão e rebeldia.

Claramente, ninguém se rejubila com falhas e logros, abusos e desilusões, mas é preciso recordar que, por enquanto, nós, os seres vinculados à Terra, somos alunos no educandário da existência, e que Espíritos bem-aventurados, em níveis muito superiores ao nosso, ainda caminham encontrando desafios da Vida e do Universo, a perseverarem no esforço de aprender.

Regozijemo-nos pela felicidade de já albergar conosco o desejo sadio de educar-nos e, toda vez que o desânimo nos atire ao chão da dificuldade, levantemo-nos, tantas vezes quantas forem necessárias para o serviço do bem, na certeza de que não estamos sozinhos e de que muito antes de nossos desapontamentos e de nossas lágrimas, Deus estava no clima de nossos problemas, providenciando e trabalhando.

(AE 1966)

77

Coragem

João de Deus

Se o desânimo procura
Mergulhar-te na amargura,
Não olvides, meu irmão,
Que a vida, por toda parte,
É nova luz a buscar-te
Em doce renovação.

Na mágoa que te domina,
Repara a Bênção Divina

A brilhar, aqui e além...

Tudo é esperança e beleza

No trono da Natureza,

Na glória de Eterno Bem...

Da noite estranha e sombria,

Assoma, envolvente, o dia,

E a treva faz-se esplendor.

Do inverno que dilacera,

Vem o Sol da Primavera

E o espinho revela a flor.

Da serra empedrada e feia,

Desce o regato que ondeia

Em generosa canção.

Do charco de baixo nível,

Desditoso e desprezível,

Ressurge o calor do pão.

Coragem! – recorda o ninho,

Suportando, de mansinho,

Toda a fúria do escarcéu;

E do além, tranquila ao vê-la,

Coragem! – repete a estrela,

Sorrindo no azul do Céu.

Assim também, cada hora,

Trabalha, porfia e chora

Guardando a fé clara e sã!...

Padece, mas busca a frente,

Lembrando constantemente

Que o dia volta amanhã.

(AE 1967)

78

Página aos espíritas

Emmanuel

Examinando os imperativos do progresso, lembremo-nos de que não poucos amigos estranham os ideais e atividades dos espíritas e dos Espíritos, no trato com os assuntos que nos envolvem os interesses, além do plano físico.

Crendices – dizem alguns.

Futuro não interessa – clamam outros.

Entretanto, o mundo que antigamente considerava bruxaria o fato de se diagnosticar uma enfermidade através da clarividência, na atualidade, realiza a proeza, em caráter de rotina, pela radiologia. E quantos asseveram não encontrar qualquer vantagem nos estudos que vamos efetuando em torno do porvir, não desistem de educar os filhos para as eventualidades do tempo, exigem que as organizações legais lhes mantenham a ordem, utilizam-se da medicina preventiva e fazem seguro contra incêndio. Declaram-se fixados tão somente nos sucessos de hoje e nas conquistas de hoje, mas, no fundo, sabem que o amanhã lhes bate à porta e preparam-se prudentemente para enfrentá-lo.

Apesar da opinião de quantos não nos possam compreender, de imediato, continuemos em nossos objetivos e tarefas, construindo o entendimento novo para a Vida Maior. Sem ferir a ninguém, conquanto decididos a sustentar a verdade e a defendê-la com os recursos da lógica e do bom senso, prossigamos edificando a solidariedade humana sobre os alicerces do amor que o Cristo nos legou.

E tanto quanto esteja ao nosso alcance, sem curiosidade preguiçosa e sem pressa enfermiça, comprovemos a imortalidade da alma, demonstrando que a consciência se patenteia responsável e ativa, para lá da Terra, que a criatura, em qualquer parte, colhe o que semeia, que o Espírito, seja ele quem for e onde estiver, vive nos reflexos das criações mentais que ele próprio alimenta e que a reencarnação é a lei, através da qual somos todos conduzidos à renovação e ao progresso incessante.

Quanto possível, trabalhemos na causa da Humanidade que a Doutrina Espírita representa.

Os homens encarnados de agora são nossos descendentes, e nós, os desencarnados da hora que passa, seremos depois os descendentes deles, até que eles e nós nos mostremos em condições de acesso às Esferas Superiores.

Berço – existência – desencarnação – renascimento constituem quatro estágios de evolução que cabem nas quatro letras da VIDA. E a VIDA, com as suas grandezas e exigências, problemas e imposições, tanto se encontra aí quanto aqui.

(AE 1968)

79

Atuação espírita

Albino Teixeira

Qualquer pessoa, nas obras edificantes do mundo, grita, habitualmente, quando a dificuldade aparece:

Dura prova!...

Tudo por Terra...

Fracasso à vista!

Mais trabalho...

Na estaca zero!...

O espírita cristão ouve semelhantes alegações, conforme o dicionário de entendimento que lhe é peculiar, concluindo em mais alto nível:

Provação é a base de experiência...

Ninguém aprende sem erros...

Fracasso é lição...

Nada de bom se consegue sem sacrifício...

Recomeço é sinal de aperfeiçoamento...

Em seguida, ele se reconhece:

No lugar certo de servir, com a tarefa mais adequada às forças de que dispõe, junto dos companheiros mais indicados ao seu modo de ser e ao que precisa realizar, detendo recursos compatíveis com as suas necessidades e na ocasião exata de agir, segundo as obrigações que lhe compete.

E como sabe que a Obra do Bem pertence fundamentalmente ao Senhor e não aos homens, põe-se o espírita a trabalhar e faz, sinceramente, o melhor que pode, como o Senhor preferir, quando o Senhor julgue oportuno, onde o Senhor permitir, tanto quanto o Senhor deseje e com quem o Senhor quiser.

(AE 1968)

80

Teu serviço

Emmanuel

Não te afirmes sem o chamado divino para colaborar na Seara do Bem, porquanto o Senhor espera em ti uma bênção a mais na construção do Reino de Deus.

"Como me certificarei de que isso ocorre?" – é provável perguntes.

Detém-te, todavia, na acústica da alma, onde se te sensibiliza o Espírito, ante as dores alheias.

O Céu te alcança, através da luz com que te clareia o caminho.

O Senhor te fala pelo amor com que te enternece o coração.

Dirás, talvez, que existem milhares de encargos iguais aos outros e que os dias são semelhantes entre si. Entretanto, se analisares os valores do trabalho e as surpresas do tempo, para logo descobres que, com as oportunidades originais de cada dia, tens serviço sob tua responsabilidade pessoal que os teus amigos, por mais íntimos e afins, não conseguiriam realizar.

Observa cada acontecimento que te envolve e cada irmão que te cruza o caminho e verificarás em que lado da questão e em que problema do próximo espera o Senhor venhas a funcionar por peça de luz e consolação, paz e vida.

Onde estejas, serás o ouvido que escuta, filtrando os materiais do cotidiano para encontrar o bem, de modo a enderêçá-lo, impoluto, para diante; o apoio dos olhos que enxergam para ajudar e edificar; a palavra que balsamiza e enobrece; e o socorro das mãos que operam em louvor da fraternidade e do benefício.

É possível que o Senhor te aguarde o concurso ainda hoje, para erguer alto pilar nas realizações da beneficência, ou a fim de assumires, por Ele, compromisso importante no auxílio à comunidade; talvez, porém, tão só te peça, ainda agora, para ouvir o companheiro que a provação desconsola, restaurando-lhe as forças, ou para sorrir, na direção de alguém que te roga apenas um gesto silencioso de simpatia para desvencilhar-se do erro.

Ergue-te cada manhã para servir e deixa que teu coração compreenda e ampare, reconforte e auxilie... Perceberás, desse modo, que o Senhor te chamou como és, com o que tens, onde te encontras e como te encontras, para seres uma bênção entre Ele e os outros – traço de união entre a Terra e os Céus.

(AE 1969)

81

Trovas da amizade

Um berço que se levanta
Lembra lavoura perfeita:
A vida cultiva a planta,
A morte expõe a colheita.

José Albano

Ensinamento que vejo
Na cartilha da verdade:
Quem diminui o desejo
Aumenta a felicidade.

Ulisses Bezerra

Religião verdadeira:
Amor servindo é o que é;
Mas temos, na Terra inteira,
Muitas maneiras de fé.

Franklin de Almeida

Lição que aprendi sem custo
Conforme a Sabedoria:
Só o tempo mostra o justo,
Os maus se mostram num dia.

Marcelo Gama

O homem, mesmo o mais forte,
Vara esta luta sofrida:
Quer libertar-se da morte,
Mas nunca foge da vida.

Noel de Carvalho

Estradas embaraçosas,
Não as conheces de todo...
Roseira que te dá rosas
Tem as raízes no lodo.

Milton da Cruz

A treva zomba da luz,
Chega, assombra e se desata,
Mas a luz transforma a treva
Num mar de beleza e prata.

Auta de Souza

Compreensão – falou um mestre –
A nosso ver, é uma flor
Que no caminho terrestre
Só nasce e cresce na dor.

Lopes Sá

Alma sublime no mundo
Quando age e se revela,
Nove em cada dez pessoas
Reúnem-se contra ela.

Casimiro Cunha

Ordenação lapidar
Da Providência Divina:
Se desejas trabalhar,
Nunca te falta oficina.

Lourenço Prado

(AE 1976)

82

Não digas

Maria Dolores

Não digas: "não sou feliz"

Ante a dor que te acrisola;

A Terra é sublime escola,

Lembrando imenso jardim;

Fita o quadro que te cerca:

Do mar às mínimas fontes,

Do abismo ao topo dos montes,

Tudo é vida aos Céus sem fim.

Não fales que vês apenas
Seres fracos e infelizes,
Trevas, chagas, cicatrizes,
Tristeza, nódoa, pesar...
Recorda que não cresceste,
Sem apoio, sem afetos,
Sem os laços prediletos
Que brilham no próprio lar.

Não fales que a solidão
Fez-se-te o mal sem remédio,
Que nada te cura o tédio,
Que não sabes de onde vem;
Sai de ti mesmo e olha em torno:
Verás, por todos os lados,
Os irmãos infortunados
Rogando o amparo de alguém.

Não digas que tudo falha,
Que acima de qualquer crença,
Vale mais a indiferença

Dos que se fazem ateus;

Conta as forças que te apoiam...

Decerto perceberás

Que a luta é o preço da paz

E tudo é bênção de Deus.

(AE 1978)

83

Confiemos servindo

Emmanuel

A fé renovadora é a bênção da vida em todos os campos da natureza.

Confia a semente na força que lhe flui dos recursos próprios e, rompendo o envoltório que a constringe, converte-se em árvore generosa.

Confia a flor na energia solar que lhe submete a contextura a rudes metamorfoses e, renunciando à própria beleza, transforma-se em fruto.

Confia a fonte no impulso que lhe convoca as águas à grandeza do mar e, vencendo, muita vez, charcos e abismos, reúne-se ao rio que lhe acalma a aflição no colo do oceano.

Confia o barro humilde nos projetos do oleiro e, suportando a rija tensão do fogo, ressurge em vaso nobre.

A semente, porém, conformou-se à soledade, para fazer-se o apoio da floresta.

A flor resignou-se a perder o aroma e a frescura para manter o pão.

A fonte suportou o crivo do solo, vencendo lodo e areia para atingir a grande serenidade.

E o barro tolerou queimaduras atrozes para erguer-se em obra prima.

Esperança inativa é sonho morto.

"Pregai vossa fé pelo exemplo" – diz-nos a palavra do Alto, trazida à nossa rota.

Eis por que, se nos propomos algum

dia a luzir no celeiro da Infinita Bondade, necessário se faz saibamos estender a luz que o Cristo nos deu às almas, aprendendo a sofrer para resgatar, a servir para iluminar, a suportar para burilar e também a morrer pelo bem para realmente viver com a Imortalidade.

(AE 1987)

84

_____

Senda para Deus

Emmanuel

Dificuldade à frente?

Mais serviço no bem.

Família em descontrole?

Age na paz do bem.

Injúrias e agressões?

Olvida e faze o bem.

Confidências amargas?

Mostra a face do bem.

Moléstia e sofrimento?

Aceita e atende ao bem.

A prática do bem.

É a senda para Deus.

(AE 1996)

85

Fala amparando

Meimei

Quando estiveres a ponto de condenar alguém, lembra-te de ti mesmo.

Quantas vezes terás ferido, quando te propunhas a auxiliar?

Muitos daqueles que povoam as penitenciárias dariam a própria vida para que o tempo recuasse, propiciando-lhes ensejo de se fazerem vítimas ao invés de verdugos...

Prefeririam cegueira e mudez no instante de vazarem a acusação ou extrema paralisia na hora da violência.

E qual acontece aos irmãos segregados no cárcere, quantas criaturas carregam enfermidade e frustração nas grades mentais do arrependimento tardio?

Trajam-se em figurino recente e conservam a bolsa farta, mas, por dentro, trazem desencanto e remorso por fogo e cinza no coração.

Supõem-se livres, no entanto, jazem presas, intimamente, na cela de angústia em que enjaularam a própria alma, por não haverem calado a frase cruel no momento oportuno...

Poderiam ter evitado o desastre moral que lhes dói na lembrança, contudo, por se acomodarem à impaciência, atearam o incêndio que resultou em loucura e destruição.

Não sirvas vinagre e fel à mesa da própria vida.

Onde surpreendas perturbação e sombra estende o socorro da paz e o benefício da luz.

Compadece-te dos ingratos e desertores, quando te condóis dos que passam sob teus olhos, mutilados e infelizes.

Ninguém praticaria o mal se, antes, lhe conhecesse o fruto amargoso.

Compreendamos para que sejamos compreendidos.

Agora, talvez, poderás censurar os erros dos semelhantes.

Amanhã, porém, mendigarás o perdão dos outros pelos teus desatinos.

Entrega a aflição de cada dia ao silêncio de cada noite.

Lembra-te de que, por maiores tenham

sido os desregramentos da Humanidade na Terra, o Céu nunca fez coleções de nuvens para amaldiçoar ou punir, mas sim, cada manhã, acende o brilho solar por mensagem bendita de tolerância e de amor, endereçando aos homens a esperança infatigável de Deus.

(AE 1997)

86

Raiou a luz

Emmanuel

"O povo que estava assentado em trevas viu uma grande luz; e aos que estavam assentados na região de sombra da morte a luz raiou." Mateus, 4:6

Referindo-se ao início da Sublime Missão de Jesus, o apóstolo Mateus classifica o Mestre como a Grande Luz que começava a brilhar para os que permaneciam estacionados nas trevas e para os que se conservavam na região de sombras da morte.

Essa imagem fornece uma ideia geral da interpenetração de planos em todos os centros da vida humana.

Na superfície do mundo, desenvolvem-se os que se encontram na sombria noite da ignorância e esforçam-se os Espíritos caídos nos resvaladouros do crime, mortos pelos erros cometidos, aspirando o dia sublime da redenção.

Semelhante paisagem, todavia, não abrange tão somente os círculos das criaturas que se revestem de envoltório material, porque é extensiva à grande quantidade de seres terrestres que militam nos labores do orbe, sem a indumentária dos homens encarnados.

O Mestre, pois, é Orientador Supremo de todas as almas que permanecem ou transitam no mundo terreno.

Sua Luz Imortal é o tesouro impereci-
vel das criaturas.

Os que aprendem ou resgatam, os
que se curam ou que expiam encontram,
em Seu coração, a claridade dos Caminhos
Eternos.

A multidão que estaciona nas trevas
da ignorância e as fileiras numerosas dos
que foram detidos na região da morte, pelo
próprio erro, devem compreender essa Luz
que está brilhando aos seus olhos, desde
vinte séculos.

Antes do Evangelho podia haver grande sombra, mas, com o Cristo, vibra a claridade resplandecente de novo dia.

Que saibamos compreender a missão
dessa Luz, pois sabemos que toda manhã é
um novo apelo ao esforço da vida.

(AE 1999)

87

Elucidação

Cornélio Pires

Queremos estar com Deus
Seguindo por linhas curvas,
O Céu, porém, não se mostra
Sobre um lago de águas turvas.

(AE 2002)

88

Lembrança oportuna

Cornélio Pires

Não te irrites, nem fraquejes

Quando mais te desconfortas,

A tua vida é uma casa

Com saída de cem portas.

(AE 2002)

89

Na caridade

Emmanuel

Não te detenhas na prática do Bem – faze de ti o vaso sacrossanto do Senhor da Vida.

Não esmoreças no caminho do auxílio – ajuda e passa porque aqueles que se dirigem ao teu coração amigo são companheiros da tua jornada terrestre.

Não evites o doente e o caído, o infeliz

e o triste, o mau e o perverso – porque deles depende a tua ascensão ao Reino Divino.

Não critiques os que constroem em nome do Cristo – o Senhor tem mil maneiras de ajudar a todos.

Não fujas da cooperação em toda parte – porque sem ela os teus dias serão vazios e sem expressão perante a Suprema Vontade.

Não te enganes a ti mesmo, afastando de tua frente as oportunidades que o Divino Mestre te confere – medita, raciocina, analisa, esclarece e estuda, mas não te esqueças de que isso tudo é a Luz do Evangelho por fora, enquanto que o Senhor da Vida, através dos estropiados e dos coxos, dos cegos e dos surdos, dos obsedados e dos maus, dos tristes e dos infelizes, oferecendo-te a oportunidade de servir, abre as portas do Seu Reino Glorioso com a Luz do Evangelho por dentro de ti mesmo.

(AE 1995)

No ano de 1963, Francisco Cândido Xavier ofereceu, a um grupo de voluntários, o entusiasmo e a tarefa de fundarem um Anuário Espírita. Nascia, então, o Instituto de Difusão Espírita - IDE, cujo nome e sigla foram também sugeridos por ele.

A partir daí, muitos títulos foram sendo editados, e o Instituto de Difusão Espírita, entidade assistencial sem fins lucrativos, mantém-se fiel à sua finalidade de divulgar a Doutrina Espírita através da IDE Editora, tendo como foco principal as Obras Básicas da Codificação, sempre a preços populares, além dos seus mais de 300 títulos em português e espanhol, muitos psicografados por Chico Xavier.

O Instituto de Difusão Espírita conta também com outras frentes de trabalho, voltadas à assistência e promoção social, como albergue noturno, acolhimento de migrantes, itinerantes, pessoas em situação de rua, acolhimento e fortalecimento de vínculos para mães e crianças, oficinas de gestantes, confecção de enxovais para recém-nascidos, fraldas descartáveis infantis e geriátricas, assistência à saúde e auxílio com cestas básicas, leite em pó, leite longa vida, para as famílias em situação de vulnerabilidade social, além dos trabalhos de evangelização infantil, mocidade espírita, artes (teatro, música, dança, artes plásticas e literatura), cursos doutrinários e passes.

Este e outros livros da **IDE Editora** subsidiam a manutenção do baixíssimo preço das **Obras Básicas, de Allan Kardec**, mais notadamente, "O Evangelho Segundo o Espiritismo", edição econômica.

ideeditora.com.br

*

Acesse e cadastre-se para receber
informações sobre nossos lançamentos.

twitter.com/ideeditora
facebook.com/ide.editora
editorial@ideeditora.com.br

ide

IDE EDITORA É APENAS UM NOME FANTASIA UTILIZADO PELO INSTITUTO
DE DIFUSÃO ESPÍRITA, ENTIDADE SEM FINS LUCRATIVOS, QUE PROMOVE
EXTENSO PROGRAMA DE ASSISTÊNCIA SOCIAL, E QUE DETÉM OS DIREITOS
AUTORAIS DESTA OBRA.